焦艳鹏"环境刑法研究"系列作品

A Discussion on
THE CRIMINAL LAW
Safeguarding Ecological Civilization

生态文明刑法保障论

焦艳鹏 ◎著

图书在版编目(CIP)数据

生态文明刑法保障论/焦艳鹏著. —北京:北京大学出版社,2024.8
ISBN 978-7-301-34874-1

Ⅰ.①生… Ⅱ.①焦… Ⅲ.①环境污染—刑法—研究—中国 Ⅳ.①D924.04

中国国家版本馆 CIP 数据核字(2024)第 048971 号

书　　　名	生态文明刑法保障论 SHENGTAI WENMING XINGFA BAOZHANGLUN
著作责任者	焦艳鹏　著
责 任 编 辑	徐　音
标 准 书 号	ISBN 978-7-301-34874-1
出 版 发 行	北京大学出版社
地　　　址	北京市海淀区成府路 205 号　100871
网　　　址	http://www.pup.cn　新浪微博:@北京大学出版社
电 子 邮 箱	zpup@pup.cn
电　　　话	邮购部 010-62752015　发行部 010-62750672 编辑部 021-62071998
印 刷 者	北京溢漾印刷有限公司
经 销 者	新华书店
	730 毫米×980 毫米　16 开本　12.25 印张　181 千字 2024 年 8 月第 1 版　2024 年 8 月第 1 次印刷
定　　　价	59.00 元

未经许可,不得以任何方式复制或抄袭本书之部分或全部内容。
版权所有,侵权必究
举报电话:010-62752024　电子邮箱: fd@pup.cn
图书如有印装质量问题,请与出版部联系,电话:010-62756370

内容概要

本书以生态法益思想为主线,以污染环境罪为主要分析标的,研究了生态文明建设过程中的刑法机制、生态环境刑事立法、刑事司法,以及生态环境犯罪的治理等问题。本书的基本理念包括:其一,生态法益是独立类型的法益,其内涵丰富,既包括秩序、安全等宏观法益,也包括不同法律主体的利益的配置;其二,生态法益以人的生活利益的实现为核心,通过刑事立法、刑事司法等进入法治体系;其三,生态环境犯罪是以生态法益的侵害或侵害危险为标的的较为严重的犯罪,需多元治理。在前述理念基础上,本书还研究了污染环境罪司法判断中的法益分析,以及污染环境罪的因果关系、司法证明等问题。

目 录
contents

第一章　生态文明刑法机制论 ……………………………………… 001
　　第一节　生态文明保障刑法机制的基本范畴 ……………… 002
　　第二节　生态文明保障刑法机制的理论依托 ……………… 007
　　第三节　生态文明保障的刑事立法机制 …………………… 015
　　第四节　生态文明保障的刑事司法机制 …………………… 022
　　第五节　生态文明保障的刑法机制的法治系统 …………… 031

第二章　自然资源多元价值论 ………………………………………… 039
　　第一节　对《宪法》第9条的体系性解读 ………………… 040
　　第二节　自然资源生态价值与社会价值的法律
　　　　　　转化 ………………………………………………… 045
　　第三节　自然资源的价值冲突与多元价值的法律
　　　　　　实现 ………………………………………………… 052
　　第四节　"国家所有"模式下自然资源多元价值实现
　　　　　　与国家义务 ………………………………………… 057
　　第五节　从"国家所有"到"全民所有"过程中国家
　　　　　　义务的基本类型 …………………………………… 061

第三章　污染环境罪法益分析论 …………………………… 067

第一节　污染环境罪的准确判定有赖于法益
　　　　解释 ………………………………………………… 067
第二节　法益解释机能司法实现的逻辑
　　　　起点 ………………………………………………… 072
第三节　法益解释机能司法实现的价值
　　　　依据 ………………………………………………… 079
第四节　法益解释机能司法实现的技术
　　　　路线 ………………………………………………… 085

第四章　污染环境罪因果关系论 …………………………… 094

第一节　因果关系判定是当前环境刑事司法的
　　　　难点 ………………………………………………… 094
第二节　污染环境犯罪因果关系判定的逻辑进路 ………… 098
第三节　污染环境犯罪因果关系判定的证明标准 ………… 102
第四节　污染环境犯罪因果关系判定的证明内容 ………… 106
第五节　污染环境犯罪因果关系判定的证明形式 ………… 111

第五章　污染环境罪司法证明论 …………………………… 116

第一节　司法解释颁行以来污染环境罪的司法证明
　　　　仍然具有一定难度 ………………………………… 117
第二节　污染环境罪的司法证明受到实体法与程序
　　　　法的双重约束 ……………………………………… 120
第三节　污染环境罪司法证明中的事实认定及其
　　　　证据化 ……………………………………………… 127

第四节 污染环境罪司法证明中的证据确认与合理
怀疑排除 ································· 133

第六章 环境刑法演进一体化论 ················· 139

第一节 欧盟成员国及欧盟环境犯罪刑事立法的概要
考察 ····································· 139

第二节 欧盟力图实现具有欧洲意志的超越国家的
环境刑事政策 ····················· 143

第三节 欧洲法院对欧盟环境刑事立法的司法
审查 ····································· 150

第四节 成员国刑事立法权向欧盟让渡的基本
原则 ····································· 157

附录1 **2013 年第 15 号司法解释** ················· 166

附录2 **2016 年第 29 号司法解释** ················· 171

附录3 **2023 年第 7 号司法解释** ················· 178

后 记 ·· 186

第一章
生态文明刑法机制论[*]

党的十八大以来，我国进入生态文明建设的新时期。加强生态环境保护，为人民群众提供良好的生态环境公共产品已成为政府的重要职责。在生态文明建设中，运用刑法手段惩治污染环境、破坏生态的犯罪行为在我国已成为司法常态。

惩治环境犯罪、预防环境风险，是刑法在生态文明时代的重要使命。我们注意到：在传统风险依然存在、新型风险不断增加的情势下，伴随着经济形态的多元化、社会结构的复杂化，刑法在承担保护国家与国民、打击传统犯罪的功能之外，对变动社会中多元价值的保护功能逐步增强。在人身法益、财产法益等传统法益之外，生态法益作为人在生态社会的新型权利形态，其内容不断得到填充，迫切需要得到刑法的有效保障。

我们所建设的生态文明，是服务于"两个一百年"奋斗目标的生态文明，是具有中国特色的生态文明。在建设生态文明过程中，社会主义法治理念应得到充分体现：既要打击环境犯罪、保护人民环境权益，也要坚持刑法总体谦抑，实行宽严相济的刑事政策；既要通过刑

---

* 本章主体内容以《生态文明保障的刑法机制》发表于《中国社会科学》2017年第11期。

罚配置发挥刑法的惩罚功能，也要创新机制，通过多元治理完善环境犯罪的预防机制；既要加强生态文明保障的刑事立法机制，增强立法科学性，也要提升生态文明的刑事司法水平，精细化司法，让人民群众在每一个生态环境刑事案件中感受公平正义。

第一节 生态文明保障刑法机制的基本范畴

生态文明保障的刑法机制是指在生态文明建设中，作为部门法的刑法，通过一定的作用机理，发挥其预设功能，保障相关主体的权利或利益，促进生态文明建设目标实现的法律机制。对生态文明建设进行刑法保障，需明确生态文明的基本形态与刑法的作用机理，并实现两者的有机结合。

（一）生态文明的基本形态

生态文明是一个高度浓缩且具有多种语义的概念，其基本形态存在多重维度。有学者将生态文明理解为一种理念，如认为："经过改革开放，中国虽然基本建立了社会主义市场经济体制，但这个体制没有体现生态文明理念和原则，因此，建立符合生态文明理念和原则的新制度，其核心是必须正确认识和处理好环境保护与经济发展的关系。"[①] 也有学者认为，生态文明"既可以是人类在处理人与自然关系中所取得的积极成果的总和，也可以是一种更高级的社会形态"[②]。

诚如学者所言，"文明作为人类文化发展的成果，是人类改造世界的物质和精神成果的总和，是人类社会的整体进步状态，包括文明

[①] 吕忠梅：《论生态文明建设的综合决策法律机制》，载《中国法学》2014年第3期，第21页。

[②] 王灿发：《论生态文明建设法律保障体系的构建》，载《中国法学》2014年第3期，第34页。

的理念、文明的制度、文明的运行三个部分。"① 依此论理，生态文明也可区分为理念、制度、行为三种形态。理念形态的生态文明，主要是指从世界观层面上定位的人与自然的相互关系，正是在这个层面上，党的十八大报告中确立了"必须树立尊重自然、顺应自然、保护自然的生态文明理念"的提法；制度形态的生态文明，是指为了实现人与自然的和谐相处，国家在经济发展与环境保护等方面所建立的制度规范的总和；行为形态的生态文明，是指从微观层面而言，作为社会成员的各级各类组织或公民基于践行生态文明理念，遵守生态文明制度而依法从事的各类行为。②

理念形态的生态文明，其本质是人类对人与自然关系的看法，构成世界观体系之下的生态观。就生态观的形态而言，目前存在人类中心主义与生态中心主义两种具有显著差异的生态观，并据此形成了人类中心主义环境伦理观与生态中心主义环境伦理观的分野。人类中心主义生态观坚持在人与自然关系上的二分法，强调"人是主体、自然是客体"。其所主导下的伦理观认为，人是伦理关系的唯一主体，生态环境问题的本质关系是人与人之间的伦理关系。其在法学领域的逻辑延伸主要表现为：人是法律关系的主体，生态环境问题的产生影响了人的权利与利益的实现，应通过作为法律主体的人③的权利或义务的设置，改善生态环境领域的治理状况。与人类中心主义相对应的生态中心主义生态观，主要强调人是自然的组成部分，人在本质上是自然的产物，生态系统具有独立价值。生态中心主义影响之下的伦理观

---

① 吕忠梅：《中国生态法治建设的路线图》，载《中国社会科学》2013年第5期，第17页。

② 如各类企业履行环境保护义务而缴纳排污费用，及公民个人旅行的生活垃圾减量化、对生活垃圾进行分类投放等个人履行环境保护义务都可以理解为这里的行为层面的生态文明。

③ 包括自然人及各类拟制的人（即企业法人、社团法人等各类法人）。

认为：人与自然构成伦理关系的相对方，人与自然都是伦理关系的主体，两者之间具有"大地伦理"①。生态中心主义的生态观与伦理观对法律观念产生了一定影响，主要表现为强调环境保护的独立价值。还有学者提出了动物非物、非人类存在物具有权利、动物或非人类存在物具有法律主体资格等观点。②

（二）刑法机制的基本定位

刑法机制虽非我国目前刑法学研究的核心范式，但其概念意蕴与刑法学价值颇受我国知名刑法学者关注。早在 20 世纪 90 年代，就有刑法学者对其作出界定，认为"刑法机制是指刑法运行的结构与机理。一般来说，机制是指事物的构造、功能及其相互关系。刑法作为一种社会事物，其存在与发展也有着内在机制。在这个意义上，我们可以将刑法机制视为刑事法律活动的各个阶段及其功能的互相配合协调的有机统一"③。在对刑法机制作出界定后，上述学者还从"刑事立法与刑事司法""定罪与量刑""判刑与行刑"三对范畴的协调上对刑法机制进行了展开。

---

① 参见姜言秀：《人与自然和谐相处的道德原则——美国哲学家利奥波德的大地伦理思想论析》，载《理论学刊》2006 年第 2 期；王希艳：《美德伦理学视角下的"大地伦理"》，载《道德与文明》2012 年第 6 期；张明：《试论利奥波德的大地伦理观》，载《中南林业科技大学学报（社会科学版）》2007 年第 3 期；叶平：《关于莱奥波尔德及其"大地伦理"研究》，载《道德与文明》1992 年第 6 期。

② 参见蔡守秋：《调整论——对主流法理学的反思与补充》，高等教育出版社 2003 年版；蔡守秋：《人与自然关系中的伦理与法》，湖南大学出版社 2009 年版；高利红：《动物的法律地位研究》，中国政法大学出版社 2005 年版。

③ 高明暄、陈兴良：《挑战与机遇：面对市场经济的刑法学研究》，载《中国法学》1993 年第 6 期，第 28 页。

第一章
生态文明刑法机制论

进入 21 世纪以来，在刑事一体化①思想指导之下，刑法机制的概念及观念得到了进一步发展。储槐植先生指导的博士生宗建文认为，刑法机制是指"刑事立法与司法适用之间的相互关系和作用过程，二者分别遵循自身的运作规律并相互促进，使刑法立法和司法适用有机配合，保证刑法保护社会和保障人权的功能得到最大程度的发挥"②。储槐植先生随后指出："刑法机制这一概念的涵义是刑法运作的方式和过程，亦即刑法的结构产生功能的方式和过程。"③ 后续又有学者在承认上述刑法机制内涵界定具有合理性的基础上，进一步认为："刑法机制所能揭示的是刑法系统内部的结构及其内在运作机理，而不是刑法系统与其外部世界的关系。"④

笔者认为，刑法机制是居于"刑法目的""刑法机能"或"刑法功能"维度之下的重要的刑法学范畴。刑法机制传达刑法功能，刑法功能服务于刑法目的。无论刑法的目的是"打击犯罪、保护人民"还是"对法益的保护"，刑法对国家政权、社会秩序、公民权益的保障都是其基本功能，都应成为刑法机制所传送的核心价值。对刑法机制的定位与分析将使刑法学从目的正当性的价值论证移转到功能有效性的科学论证上，既增进了刑法学研究的科学意味，又使刑法作为部门法，其作用机理的构建与解析可以从法理学中"法律机制"的范畴得

---

① "刑事一体化"思想是由德国学者首倡的刑法学思想，其肇始于德国刑法学者李斯特在一百多年前提出的"整体刑法学"，其基本意蕴是将犯罪、刑事政策、刑法三个范畴作一体化考量。"刑事一体化"思想在我国的主要倡导者为老一辈刑法学家储槐植先生。

② 宗建文：《刑法机制研究》，中国方正出版社 2000 年版，第 4 页。

③ 储槐植：《再说刑事一体化》，载《法学》2004 年第 3 期，第 78 页。关于"刑法机制"的研究，储先生等还出版了相关的著作，参见储槐植、宗建文等：《刑法机制》，法律出版社 2004 年版。

④ 周少华：《刑法机能的发生机制——一个技术性描述》，载《法商研究》2005 年第 2 期，第 63 页。

到滋养。①

吸收前人对刑法机制范畴的研究成果,并将刑法机制介于法治系统视野之下,笔者认为,刑法机制是指刑法功能据以发挥或实现的内部作用机理,其机理描述包括如下要点:第一,通过刑事立法确定犯罪行为的边界与类型。这个过程在本质上是对行为进行类型化并进行犯罪化,在此过程中,掌握刑事立法权的国家需对相关行为是否规定为犯罪进行考量。第二,通过刑事司法确认犯罪人并对其定罪量刑。该过程又区分为通过侦查程序确认犯罪人与通过刑事诉讼程序确认犯罪人是否构成犯罪及罪行大小两个阶段。第三,通过刑事责任的承担惩罚犯罪人并发挥一般预防功能。此过程本质上是通过刑事责任的承担使犯罪人得到惩罚,降低其再犯罪可能,其得到惩罚的外观也使公众受到教育与震慑,最终达到特殊预防与一般预防的统一。②

(三) 本书展开的逻辑理路

依上文笔者对生态文明基本形态与刑法机制内涵的解析,生态文明保障的刑法机制应主要包括刑事立法机制、刑事司法机制等要素。在下文中,笔者将以我国生态环境刑法治理的实践为切入点,以生态文明保障的刑事立法机制、生态文明保障的刑事司法机制的构建为主要内容进行论述。③

---

① 参见张文显:《构建社会主义和谐社会的法律机制》,载《中国法学》2006年第1期;杨思斌、吕世伦:《和谐社会实现公平原则的法律机制》,载《法学家》2007年第3期;汪习根:《化解社会矛盾的法律机制创新》,载《法学评论》2011年第2期;唐清利:《公权与私权共治的法律机制》,载《中国社会科学》2016年第11期。

② 参见焦艳鹏:《法益理论的价值考量与适用维度的扩张》,载《澳门研究》2013年第1期。

③ 从刑事个案的时空运行来看,刑事司法之后还存在刑罚执行,但由于对刑罚执行特别是生态环境领域刑罚执行与刑法的一般预防功能的评估理论与技术基本上处于空白状态,本书对此不作专门探讨。

由于将生态环境领域相关行为进行犯罪化处理是近几十年来的法律实践，国内刑法学界对此尚未形成成熟理论，因此笔者在对上述具体机制进行分析论证之前，将从刑法理论特别是刑法解释论的视角，分析生态文明保障的刑法机制可资依赖的刑法理论及其解释力问题。

保障生态文明，刑法机制不可或缺，但也有其效用边界与效能发挥的资源依赖。在对上述生态文明保障的刑法理论、刑事立法机制、刑事司法机制进行探讨后，笔者还将对生态文明保障的刑法机制赖以存在的法治系统中的其他要素进行梳理。

第二节 生态文明保障刑法机制的理论依托

近年来，针对生态文明的刑法保障与我国的环境犯罪的治理模式，学界探讨颇多，其核心命题在于：刑法对于生态环境领域应否介入以及如何介入？其依据何在？围绕上述命题，我国学者在刑法理论上特别是在解释论意义上展开了分析，主要体现在生态文明保障的刑法机制与法益理论、风险刑法理论、社会危害性理论三个层面。

（一）生态文明保障的刑法机制与法益理论

生态文明保障的刑法机制与法益理论，可以进一步归纳为基于法益理论的生态文明刑法保障探究。上述命题的实质是在生态文明建设背景下，生态环境领域相关犯罪的实质客体的解释问题。大陆法系法益理论认为，犯罪是侵害或威胁法益的行为，在具体的犯罪类型或具体化的犯罪事实中，所侵害与威胁的法益可以具体化，即这些法益可具体化为财产法益、生命法益、国家法益等。[①]

[①] 参见张明楷：《法益初论》，中国政法大学出版社2003年版。

毋庸置疑，污染环境或破坏生态行为①是具有侵害传统刑法法益向度的。在具体情境中，污染环境行为可造成财产损失②或人身伤害，而财产利益与人身利益皆为传统刑法所保护的客体，也是传统犯罪所侵害的客体。依现行刑事立法，破坏生态行为经刑法调整后往往转化为破坏自然资源的行为，而自然资源的财产价值作为刑法保护的客体在立法技术上是可实现的。但对污染环境与破坏生态行为所侵害的客体究竟是传统法益还是新型法益，则可能具有不同解释。

当污染环境或破坏生态行为虽没有造成传统的人身法益或财产法益侵害，但已然造成环境管理制度破坏时，如何评价行为的危害性及所侵害的客体？有论者认为，此种情形下，若规定上述之行为为犯罪，则是因为刑法对秩序的保护，即刑法所保护的客体是国家秩序。③但不容忽视的是，秩序并非可具体化与类型化的刑法法益，行政法所建立的管理秩序并不必然需要刑法同步保护，只有对严重破坏行政法建立的管理秩序的行为方可认为是犯罪，即便认为侵害秩序的行为是犯罪，仍应对行为所侵害的具体客体进行实质解释，而非仅以秩序为直接解释对象。④

---

① 环境法学界一般将破坏环境资源的行为区分为污染环境类与破坏生态类，污染环境是指向大气、水体、土壤等排放有毒、有害物质导致环境受到污染的行为，破坏生态一般是指对具有生态价值的草原、森林、湿地等生态系统进行人为破坏，导致生态功能受损的行为。两者的主要区别之处在于是否有有毒有害物质介入。

② 此种财产是指传统民法上的财产，如水污染中国家、集体或公民的水产品损失，大气污染中国家或公民的动产或不动产的价值损失，土壤污染中各类土地种植物的歉收或绝收等。

③ 我国目前的刑事立法即采此种观点，也正是在这种观点之下，我国刑法中关于环境资源的犯罪规定在《中华人民共和国刑法》（以下简称《刑法》）第六章"妨害社会管理秩序罪"之下。

④ 如对刑法中之保险诈骗罪所侵害法益的解释。若仅依该罪名规定在《刑法》分则第三章"破坏社会主义市场经济秩序罪"之下，将其解释为是对经济管理的秩序法益的侵害，而忽视该罪所规制之行为对当事人即保险公司的财产法益侵害的话，显然是不妥当的。

换言之,对污染环境与破坏生态行为所侵害的实质客体,需进行超越传统法益理论的重新界说。有学者提出了生态法益的概念,① 并进行了系统论证。笔者认为,生态法益并非生态环境作为主体的法益类型,生态环境作为非人类存在物,不可能也没有必要成为法益主体。人作为法益主体的观念应得到坚持。生态法益是依据宪法或一般人权法准则确立的人在生态环境领域所享有的包括呼吸清洁空气、饮用清洁水源,在安宁、洁净的环境中生活,并可合理享有与利用自然环境或自然资源的权利或利益。② 生态法益可区分为可类型化形态与不可类型化形态两类。可类型化形态包括传统的人身法益与财产法益,不可类型化形态包括除上述人身法益与财产法益之外的其他生态法益。不可类型化的生态法益也应成为刑法保护的客体。破坏环境资源管理制度,虽没有造成可类型化生态法益侵害,但可能侵害不可类型化的生态法益,在符合实定法的犯罪构成要素的情形下,亦可构成犯罪。

将生态法益作为生态环境领域犯罪的实质客体,可以有效解决污染环境与破坏生态行为的刑法评价问题。既可以将传统法益作为环境犯罪的客体,也可以实现基于保障行政法律秩序价值实现的刑法功能配置,是通过刑法手段保护生态环境,并对相关行为作犯罪化处理的有力解释工具。

(二) 生态文明保障的刑法机制与风险刑法理论

风险刑法理论是近年来在我国产生较大影响,也饱受批评的刑法思潮。大部分学者把风险刑法理论视为反思传统刑法理论的重要工

---

① 参见焦艳鹏:《刑法生态法益论》,中国政法大学出版社2012年版。
② 这种权利或利益已经得到国际法律或宣言的认可。如1972年联合国人类环境会议通过的《联合国人类环境会议的宣言》(简称《斯德哥尔摩宣言》)、1992年联合国环境与发展会议通过的《关于环境与发展的里约宣言》(简称《里约宣言》)等。

具,主张按照风险刑法理论的一些基本原理对我国刑法进行改造,如主张犯罪前置化、法益抽象化、主观要素分离化以防范风险,刑法应扩张以强化民众的安全感。① 但也有学者认为,"无限制扩充国家权力来抵御社会风险就是最大的风险。刑法应对风险绝对不是通过确立风险刑法的模式来强调刑法的恐吓性。"② "政策导向的刑法蕴含着摧毁自由的巨大危险。有必要借助刑事责任基本原则对风险刑法进行规范与制约,合理处理原则与例外的关系。"③ 有学者基于对风险刑法理论的担忧,对在实践中出现的环境犯罪治理早期化的呼声提出了明确反对,认为"对积极一般预防的过度依赖以及生态中心主义环境法益观的脱离现实,决定了以之为据的环境犯罪治理的早期化欠缺合理性"④。

风险社会较客观地展示了人们对现代社会的主观感受。"虽然风险控制技术存在,但不安全感普遍存在。风险的发生、分配与预防,而且财富的生产和分配,已经成为风险社会的主要关注问题。"⑤ 风险社会所言之风险,更多意义上表明了人们对社会生活中某些领域尤其是公共领域安全度降低的忧虑。风险社会所言之风险的控制需要复杂的系统,政府规制成为必然,但并不必然带来法律的扩张与强制力的滥用,"除非法律作出了相反的要求,对风险规制的司法审查应当要求规制机构在对成本和收益都作出合情合理的评估的基础上,证明规

---

① 参见齐文远:《刑法应对社会风险之有所为与有所不为》,载《法商研究》2011年第4期,第3页。

② 孙万怀:《风险刑法的现实风险与控制》,载《法律科学》2013年第6期,第130页。

③ 劳东燕:《公共政策与风险社会的刑法》,载《中国社会科学》2007年第3期,第126页。

④ 刘艳红:《环境犯罪刑事治理早期化之反对》,载《政治与法律》2015年第7期,第2页。

⑤ [英]珍妮·斯蒂尔:《风险与法律理论》,韩永强译,中国政法大学出版社2012年版,第53页。

制措施能够带来超过成本的好处。"① 风险客观存在，但并不必然转化为危险。② 刑法机制的有限性决定了刑法只能调整与部分控制那些可类型化、可测量的风险，因此某些群体应对环境污染的恐惧或焦虑而希望刑法介入的期待并不科学。

对环境犯罪治理早期化持反对意见的思维前提是，污染环境犯罪所侵害的客体是传统法益，对尚无侵害或者具体威胁到传统法益的行为进行犯罪化处理，相较于传统刑法确定罪名的方式而言，表现为早期化。也有论者基于对环境犯罪所侵害实质客体的不同理解，而对上述环境犯罪早期化的反对表达了反对意见，认为"污染环境罪是情节犯，环境安全本身即为其保护法益，该罪的立法与司法充分体现了法益保护的早期化。法益保护早期化并非建构于风险刑法理论之上，能够有效治理污染环境犯罪；污染环境罪法益保护的早期化以生态学的人类中心主义法益观为依据，不存在消解法益概念的问题；刑法谦抑主义不等于绝对地反对犯罪化，污染环境罪法益保护的早期化兼顾了人权保障，符合谦抑性的要求"③。还有学者认为，"污染环境罪所保护的法益是环境本身；'严重污染环境'既是对'放射性、传染性、毒害性'程度的要求，也是对'排放、倾倒、处置'行为本身的限定，因而污染环境罪属于行为犯、准抽象危险犯"④。

---

① 〔美〕凯斯·R.孙斯坦：《风险与理性——安全、法律及环境》，师帅译，中国政法大学出版社2005年版，第137页。

② 正是在这个意义上，有论者认为，"风险存在于社会生活的所有方面，不可能预防全部的风险。预防原则应当进行重构，代之以灾难预防原则，即对重大危险进行预防，并在政策和法律制定过程中注意相关法律措施的成本。"参见〔美〕凯斯·R.桑斯坦：《恐惧的规则——超越预防原则》，王爱民译，张延祥校，北京大学出版社2011年版，封底页。

③ 参见黄旭巍：《污染环境罪法益保护早期化之展开——兼与刘艳红教授商榷》，载《法学》2016年第7期，第144页。

④ 参见陈洪兵：《解释论视角下的污染环境罪》，载《政治与法律》2015年第7期，第25页。

产生上述分歧的主要原因在于，不同学者对污染环境或者破坏生态等典型的环境犯罪行为所具有的法益侵害性的理解存在差异。若坚守传统刑法理论中行为必须侵害到具体法益或者对具体法益形成现实危险的判断标准，则仅可将部分危害行为作入罪化处理；但若将生态环境本身或者环境安全等作为侵害客体，则在上述情形下，行为已然具有法益侵害性，可以构成犯罪。上述分歧的焦点是：风险社会理论所言之风险是抽象的一般风险，还是在具体领域（如交通安全、食品药品安全、生态环境安全、国家安全）和具体情境之下可以类型化且可度量的具体危险。若秉持前者，依据刑法调整机制，则从技术上不适合纳入刑法调整；若秉持后者，从刑事立法的科学性与技术上，风险领域的风险可类型化、可具体化、可度量化，则此种风险可以转化为刑法上的具体危险而纳入刑法调整。①

（三）生态文明保障的刑法机制与社会危害性理论

长期以来，社会危害性理论是我国刑法理论中占据主流的学说或理论，社会危害性在相当长的时期内是犯罪概念的重要组成部分。在"犯罪是具有社会危害性，违反刑法并应接受刑法处罚的行为"的犯罪概念中，"社会危害性"成为判断是否成立犯罪的实质标准，污染环境或破坏生态等行为是否入罪及类罪区分等问题也将接受社会危害性理论的检验。

进入21世纪以来，社会危害性理论虽受到刑法学界内部的反思

---

① 《中华人民共和国刑法修正案（八）》［以下简称《刑法修正案（八）》］和《中华人民共和国刑法修正案（九）》体现了将抽象风险转化为具体危险的路径，并通过刑事立法或司法解释，将这种危险与行政法上的标准实现了关联，如危险驾驶罪、污染环境罪。

或批判,① 但也得到相当程度的坚持与坚守。② 笔者认为,以社会危害性理论为核心的犯罪概念,对于传统犯罪的解释令人信服,这是因为对危害国家安全犯罪、危害公共安全犯罪、侵害公私财产犯罪、侵害公民人身或自由犯罪等传统犯罪,国家与公民对其社会危害性的判断并无本质差异。在上述犯罪中,行为的社会危害性恰恰是行为侵害国家法益、社会法益与公民人身法益、财产法益等的刑法表达。在上述领域,社会危害性理论与法益理论在本质上是相通的,两者倡导下的刑法观皆为实质刑法观③,实现了与既有法治体系、法治价值的连接。

但也要看到,由于刑法在整体法治体系中具有一定保守性,当国家与国民对社会价值的认知不能统一时,社会危害性理论主导下对相关行为是否构成犯罪以及罪轻罪重的判断,可能与大众认知产生偏离。④ 上述偏离存在两种倾向:其一,公众认为社会危害性较为严重之行为,在既有刑事立法或刑事司法度量之下其定罪量刑不能满足公众期待,如绝大多数污染环境行为虽被定罪,但其刑期均在 3 年以下;其二,公众认为社会危害性不大的行为,在既有刑事立法与刑事

---

① 参见陈兴良:《社会危害性理论——一个反思性检讨》,载《法学研究》2000 年第 1 期;陈兴良:《社会危害性理论:进一步的批判性清理》,载《中国法学》2006 年第 4 期;樊文:《罪刑法定与社会危害性的冲突——兼析新刑法第 13 条犯罪的概念》,载《法律科学》1998 年第 1 期。

② 参见储槐植、张永红:《善待社会危害性观念——从我国刑法第 13 条但书说起》,载《法学研究》2002 年第 3 期;利子平、石聚航:《传统法律文化:解读社会危害性的新路径》,载《法制与社会发展》2010 年第 4 期;赵秉志、陈志军:《社会危害性理论之当代中国命运》,载《法学家》2011 年第 6 期。

③ 实质刑法观是进入 21 世纪以来,特别是近十多年来我国刑法学界逐渐加以重视的一种刑法观或刑法研究观。参见刘艳红:《实质刑法观》,中国人民大学出版社 2009 年版;魏东:《保守的实质刑法观与现代刑事政策立场》,中国民主法制出版社 2011 年版。

④ 认知产生偏离将带来刑法的公众认同问题。有学者认为,公众对刑法的认同中对"生活利益的重要性"的认识具有重要意义。参见周光权:《论刑法的公众认同》,载《中国法学》2003 年第 1 期,第 116—121 页。

司法度量之下，对此类行为之刑事处罚过于严厉，比如河南大学生掏鸟窝案。

在生态环境领域的刑法与犯罪问题上，社会危害性理论遇到的解释困境的深层次原因是：国家与公民、公民与公民之间在生态环境领域的认知或利益存在差异。首先，在认知层面上存在差异。如国家为了保护珍贵、濒危野生动物，而对非法猎捕、杀害珍贵、濒危野生动物的行为配置了较高刑罚，而不同素质的公民对于珍贵、濒危野生动物所具有的生态价值的认知存在差异，所以不能很好地将"掏鸟窝"这种外观上貌似具有正当性的行为与既有刑法评价实现有效关联，导致对这类行为的罪感薄弱、恶感缺失。其次，在利益层面上存在差异。在生态文明早期阶段，由于秉持人类中心主义，多数人认为从大自然获取财产利益或生态利益天经地义，无须支付对价，因此对刑法将非法狩猎行为、非法捕捞行为、盗伐林木行为、污染环境行为等作入罪化处理持一定的质疑，对于重判重罚甚至会表现出抵制情绪。①

由上述分析可知，社会危害性理论对于类似于生态法益这样的新型法益的识别与度量能力是有限的。河南大学生掏鸟窝这样的典型案件也使我们再次认识到，社会危害性理论中所包含的"社会危害性"需在个案或类罪中得到具体解释，并与整体法治秩序所保护的价值实现贯通与连接，方可能使刑法在日益变动的社会中不至于为社会所诟病，也才有利于在维护公民自由的基础上，实现对相关主体权益的及时、有效保护。

---

① 也应看到，导致此类情形出现的原因除与国家所处的生态文明发展阶段有关外，也与国家在自然资源领域的产权制度直接关联。由于我国实行自然资源国家所有制，对自然资源的非法侵害，既侵害到自然资源所具有的生态价值，又侵害到国家对自然资源的所有权，这也是我国刑法对侵害资源类犯罪配置较为严厉刑罚的原因之一。自然资源具有财产价值、生态价值、社会价值等多元价值，其实现需要宪法、民法、环境法、刑法等多元法律机制。参见焦艳鹏：《自然资源的多元价值与国家所有的法律实现——对宪法第9条的体系性解读》，载《法制与社会发展》2017年第1期。

第三节　生态文明保障的刑事立法机制

刑事立法是刑法机制发动的首要程式。生态文明保障的刑事立法机制，是指为保障生态文明建设，国家在生态环境领域制定刑事法律规范的基本方法、基本程序与基本路径。由于生态环境领域具有一定的特殊性，在该领域进行刑事立法需将刑法机制与生态环境领域的相关规律实现有机结合，努力提升刑事立法的科学性，方可使预设的刑法功能得到最大限度的实现。

（一）生态环境领域刑事立法的科学基础

第一，应注重刑法多元机能的协调配置。社会统制虽是刑法的本质机能，[①] 也是刑法机制的逻辑起点，但对于实现刑法目的而言，尚需将刑法的具体机能，即维持秩序机能、保护法益机能、保障人权机能与刑事立法结合起来。按照上述逻辑，在对某一领域进行刑事立法时，需综合考量该立法在维持秩序、保护法益、保障人权三者之间的时空关系与功能配置。

生态环境领域由于具有较为强烈的公共性，在近代以来成为政府规制的重要标的。[②] 规制的首要目的在于维持秩序，这也成为刑法介入生态环境领域的主要理据。但需注意的是，由规制而生之秩序维护机能仅为刑法的机能之一，若刑法只追求秩序维护，则与行

[①] 日本学者板仓宏将刑法的机能区分为三个层次，即：作为社会统制手段的刑法；刑法的具体机能，包括维持秩序机能、保护法益机能、保障自由机能；作为裁判规范的刑法。参见马克昌：《刑法的机能新论》，载《人民检察》2009年第8期。

[②] 政府为追求秩序所实行的规制除了建立日常管护式的行政管理外，还包括对医疗健康、环境安全、交通安全等领域实行的风险管理。参见〔美〕史蒂芬·布雷耶：《打破恶性循环——政府如何有效规制风险》，宋华琳译，法律出版社2009年版。

政法无异，此种情形下容易出现过罪化，① 使刑法具有侵害自由的危险。

生态环境领域的刑事立法在设置维持秩序机能之外，尚需对保护法益与保障人权作相关设置。我国《刑法》分则第六章第六节以"破坏环境资源保护罪"为名，并居于"妨害社会管理秩序罪"之下的立法体例表明，在立法者的观念中，此类犯罪所保护的客体是社会管理秩序，这部分立法首先或主要应承载刑法维护秩序的机能。此种立法理念具有一定的时代背景，但也值得反思。河南大学生掏鸟窝案发生后，媒体又报道多地发生的类似案件。② 司法机关是依法裁判的，但公众对此类案件的刑罚提出质疑也值得思考，若仅因行为违反国家相关法律、法规而以妨害社会管理秩序作为定罪依据，却不对上述刑法所侵害的具体法益向当事人及社会作出解释，则刑法的社会接受度将有降低的风险。

刑事立法尤其是包括生态环境领域在内的公共领域的刑事立法，需考虑刑法多重机能的体系配置。以单一刑法机能尤其是仅以维持秩序机能为价值追求的刑事立法，不仅存在刑法规范社会接受度降低的风险，也可能加大刑事司法中法官出于对整体秩序价值的维护而在定罪预设基础上作有罪推定的风险，并可能忽略个案中危害行为对具体法益侵害程度的判断，从而对精细化司法形成干扰。

第二，需将自然资源载体的生态价值法益化。保护法益是刑法另一重要机能，是指"刑法规范以犯罪为条件对之规定作为法的效果的

---

① 过罪化是指"国家制定太多刑法，把很多不需要或不应当作犯罪进行处理的行为当作犯罪进行了处理，导致国家刑罚权过度扩张"。参见〔美〕道格拉斯·胡萨克：《过罪化及刑法的限制》，姜敏译，中国法制出版社 2015 年版，第 374 页。

② 参见韩景玮：《7 人逮 1689 只壁虎被判有罪 捕百只以上属特大刑案》，http：//m.fznews.com.cn/guonei/20141222/54978acbc5529.shtml，2016 年 7 月 22 日访问。

刑罚，保护由于犯罪遭受侵害或威胁的价值或利益的机能"①。一些学者认为，当前刑法在生态环境保护方面存在法益保护前置化现象，该种观点的本质是不承认生态环境领域存在独立的法益类型。这种观念具有局限性。生态环境具有生态价值，已被环境科学所证明，并已逐步具备测量技术与方法。②如果将污染环境、破坏生态的行为所造成的法益侵害仅仅设置为传统刑法所保护的法益类型，则刑法对上述行为所具有的危害性归纳将不完整，进而影响刑法功能的实现。

现代科学研究表明，大自然既对人类提供诸如林木、矿物、食物等直接供人类生产或生活使用的物品，也具有调节气候、消化污染、防风固沙、涵养水源、减轻灾害等生态系统服务功能。③大自然具有生态系统服务功能，表明大自然在具有财产价值的同时，又具有产出生态功能的生态价值。在生态文明时代，作为现代法治核心目的的人，对大自然的需求已超越物质层面，而具有生态层面的向度。比如矿藏储存于地壳并与地壳形成整体，其本身可能不具有什么生态价值，但其被储存的状态则可能具有生态价值，若对其进行不当采掘，则可能破坏其生态功能。

我国《刑法》分则第六章第六节"破坏环境资源保护罪"对环境资源的经济价值保护较为完整，但对环境资源的生态价值的保护力度则有待提升。比如盗伐林木罪，定罪量刑以盗伐林木的数量为主要标

---

① 马克昌：《刑法的机能新论》，载《人民检察》2009年第8期，第8页。
② 环境保护部办公厅于2016年6月印发《生态环境损害鉴定评估技术指南 总纲》和《生态环境损害鉴定评估技术指南 损害调查》，表明我国已初步建立对生态环境损害进行测量的方法与技术进行规范的制度。
③ 生态系统服务功能是指地球生态系统向人类提供的生态功能。参见高敏：《"生态系统服务"与"环境服务"法律概念辨析》，载《武汉理工大学学报（社会科学版）》2011年第1期。

准，而对林木所具有的生态价值不作具体考量。① 大气、水体、土壤作为生态环境的构成要素，其生态价值不言而喻，承载林木、野生动植物、矿产资源等自然资源的土地、林地、草地、江河湖泊、海洋、滩涂等在蓄积上述具有经济价值的自然资源之外尚具有生态价值。在对自然资源的经济价值进行刑法保护之外，尚需对自然资源载体的生态价值进行刑法保护。

自然资源载体生态价值的法益化，其本质是在刑事立法过程中将自然资源载体的生态价值作为刑法保护的客体，并将上述生态价值的保护作为刑法的重要机能。自然资源载体生态价值的法益化，是生态文明保障的刑事立法机制的重要构成。实现上述立法理念的关键在于，需将自然资源与自然资源的载体在刑法上作明确区分，包括耕地、野生动植物、林木、矿产资源在内的自然资源在我国刑法中已经成为被保护客体，并建立其经济价值的测量体系，但作为自然资源载体的土地、林地、草地、江河湖泊、海洋、滩涂等的生态价值却没有成为刑法保护的客体，也并没有建立起测量体系，这是我国生态文明保障的刑事立法机制必须突破的障碍。

（二）生态环境领域刑事立法的技术路径

首先，归纳生态环境领域应受刑法保护的法益。其核心是，对作为刑法价值主体的人在生态环境领域的利益需求及其样态进行归纳。从整体主义视角而言，可以将人在生态环境领域的利益归纳为人之生态法益，但基于刑事立法的科学性及罪刑法定原则的要求，在刑事立法中设置罪名，尚需对人之生态法益的内部结构进行分析。

---

① 我国《刑法》所规定的盗伐林木罪，对"盗"与"伐"两种行为进行了混同评价。需要注意的是，从细分上而言，"盗"之行为侵害的客体应为财产法益，而"伐"之行为（客观上使林木死亡）所侵害的实质客体为林木的生态价值。将侵害两类不同性质的法益的行为进行混同立法是否科学，有待商榷。

第一章
生态文明刑法机制论

人之生态法益主要包括积极的生态法益与消极的生态法益两类：前者是指人或人类主动追求的以生态环境资源为利用对象的法益，主要是指人对生态环境的直接利用（如呼吸空气、饮用水源等），从自然环境中获取各类自然资源供生活或生产使用，到自然环境中休憩、旅游、观光等；后者是指因生态环境或自然资源被破坏，而使人的传统法益（财产法益、人身法益等）受到侵害或侵害的具体危险，如因环境污染而使得人的身体健康、具有产权的财产（如养殖的水产品、种植的农作物等）受到侵害、损失或损害。消极的生态法益并非人或者人类所直接追求，而是人或者人类为维护自身的传统法益免遭来自因生态环境破坏而建立的防御性法益。

在传统刑法理论中，消极的生态法益难以成为刑法保护对象。其主要原因在于，与传统法益相比，此种消极法益较难实现类型化，且无法准确度量。在上述理论模型下，对生态环境领域进行刑法保护的立法模式的可能选择是将侵害消极生态法益的行为设置为危险犯，即所谓法益保护前置化。

生态文明建设过程中，刑法对积极的生态法益的保护模式正在逐步生成。在权利意识或权利观念的塑造下，积极的生态法益往往被环境法学者称为"环境权利"，而成为或可能成为法律保护的标的。刑法对积极的生态法益的保护应以刑法机制为限，即刑法作为整个法秩序的保护法，需以生态法益实在法秩序[①]的存在为发动前提，也正是在此意义上，德日学者认为环境刑法具有强烈的行政从属性。[②] 当然，对积极的生态法益进行刑法保护，除了要实现对行政管理秩序的维护之外，尚需对积极的生态法益的本体进行刑法描述与具体识别，建立

---

① 此处的实在法秩序指除刑法之外的民法、行政法等部门法所建立起的现实世界实在运行的法律秩序。参见冯军：《刑法的规范化诠释》，载《法商研究》2005年第6期。

② 行政从属性"是指在行政犯罪中，刑法所保护的法律关系从属于行政性法律关系"。庄乾龙：《环境刑法定性之行政从属性——兼评〈两高关于污染环境犯罪解释〉》，载《中国地质大学学报（社会科学版）》2015年第4期，第54页。

起法益保护与人权保障之间的关联。①

其次,对侵害人的生态法益的行为进行类型化。刑法是规制人的行为的法律科学。对侵害或威胁法益的行为进行类型化,并将之确定为犯罪行为进行惩治,是刑事立法的基本路径。遵循上述路径,在环境刑事立法过程中,需对侵害或威胁人的生态法益的行为类型化,从而使该类行为成为刑法所规制的行为。

侵害行为的类型化主要应依据实践进行归纳。如《刑法》第338条污染环境罪的规定中关于危害行为的描述是"违反国家规定,排放、倾倒或者处置有放射性的废物、含传染病病原体的废物、有毒物质或者其他有害物质,严重污染环境的",此种立法例即达到对危害行为进行类型化的区分:"排放、倾倒或者处置"表明污染环境行为在实践中典型的三种类型;"有放射性的废物、含传染病病原体的废物、有毒物质或者其他有害物质"表明上述行为之下必须有污染环境的物质介入生态环境,并对危害物质进行了类型化。

相比于污染环境罪的刑事立法,我国现有其他环境资源犯罪的刑法规范,在立法技术上还存在着提升与优化的空间。如前文提及的危害珍贵、濒危野生动物罪对危害行为的描述仅为"非法猎捕、杀害国家重点保护的珍贵、濒危野生动物的",虽然此规范表明立法对此罪名的行为类型进行了基本区分,但由于猎捕与杀害两类行为在实践中存在杀害式猎捕与猎捕后杀害等诸多关联情形,且珍贵与濒危是公众较难有明确认知的词汇,相关司法解释也并未对珍贵与濒危作出明确解释,而是采取直接转化为野生动物名录的方式,② 这也是

---

① 法益保护与人权保障的连接点在于作为法律核心主体的人的权利,即刑法的法益保护机能与人权保障机能的连接点在于人的法定权利,因此对法益进行实质解释的主要工具在于人的法定权利,也即法益的实质内容可由法定权利填充,这也是对刑法具体条文所要保护的法益进行解释时所应遵循的路径。

② 参见最高人民法院《关于审理破坏野生动物资源刑事案件具体应用法律若干问题的解释》第1条。

在实践中诸多判决不能得到公众足够认同的原因之一。

刑事立法若仅对实践中的违法事实进行类型归纳，而对危害行为本身可能呈现的样态不进行类型化，将导致刑法规范不明确，从而为刑法的公众认知与刑事司法种下困扰。"刑法规范既要按照罪刑法定原则的要求保持基本的明确性，又不得不保持一定的张力以适应社会生活的需要，这就要求其必须具有一定的概括性。"① 刑法语言的概括过程，既是对危害行为进行类型化与具体化的过程，也是对危害行为所侵害或威胁的法益类型化与具体化的过程。这种类型化与具体化的思维应贯穿于生态环境刑事立法的全过程。

最后，对类型化的生态法益建立可测量的标准。法益的可测量化是刑法法益从立法走向司法的连接点，也是避免法益精神化的控制机制。法益的可测量化在传统刑法领域体现为法益向权利的转化与危害结果的相当性判断。关于法益向权利的转化，主要表现为当犯罪行为所侵害的客体为传统的财产法益或人身法益时，刑事立法或相关的司法解释建立了基于财产权或人身权的定罪量刑的标准，定罪量刑的标准与转化为数量标准的权利规模呈正相关关系。当危害行为或危害后果难以实现向公民权利特别是民事权利的转化时，刑法则采取公民与国家基本都能接受的惩罚方式，以使刑事处罚与社会公众的接受程度具有相当性。这种相当性的判断在危害国家安全、危害公共安全等非财产法益、非人身法益的公法法益中大量存在。

对生态法益建立可测量的标准也可依如下两条路径。即：第一，将污染环境、破坏生态等危害行为所侵害的传统法益转化为数量标准。第二，对污染环境、破坏生态等危害行为所侵害的非传统法益建立与其危害具有相当性的转化标准，并建立刑法典中与此种危害性

---

① 付立庆：《论刑法用语的明确性与概括性——从刑事立法技术的角度切入》，载《法律科学（西北政法大学学报）》2013年第2期，第93页。

质、危害后果相关的罪名比照体系。[①] 依据上述两条路径,生态环境领域的刑事立法,需综合考量行为的危害性,并建立与行为危害性相当的可供司法裁量的生态法益侵害标准。上述标准又可区分为定罪标准与量刑标准:定罪标准需区分罪与非罪的边界,即实现对一般行政违法与刑事违法的区分;量刑标准则为超过定罪标准之后法益侵害程度的度量标准,即确定罪轻、罪重的标准。

生态法益测量标准体系的建立对生态法益的测量技术具有一定的依赖。污染环境、破坏生态等行为往往造成自然生态或环境要素的破坏,从而成为民事领域权利救济请求的标的。对生态环境损害的程度进行测量,不仅对于民事赔偿具有法律意义,对危害行为的刑法评价亦有法律意义。具有一定公允性的生态环境损害测量方法,近年来逐步被引入环境侵权民事领域的裁判之中,这对于在刑事立法中建立生态法益的测量标准具有重要参照价值。

第四节 生态文明保障的刑事司法机制

刑事司法作为微观的法律适用活动,是刑法发挥作用机理的重要构成。生态文明保障的刑事司法机制,是指为保障生态文明建设,司法机关依据刑事立法,对具象的法律事实进行比照,进行刑法评价的活动。

在环境刑事司法活动中,对危害行为所造成的结果的判断是其重心,其本质是对危害行为侵害法益程度的判断。下面将通过三起典型环境刑事案件,讨论环境刑事司法中的利益衡量与法益判定问题,并为我国生态文明保障的刑事司法机制构建中的难题提供破解之途。

[①] 此种转化方式在我国刑事立法中已有先例。如《刑法》第125条在规定非法制造、买卖、运输、储存危险物质罪时,将其与非法制造、买卖、运输、邮寄、储存枪支、弹药、爆炸物罪进行了相当性比较,使得危险物质危害公共安全的相关犯罪与枪支、弹药、爆炸物危害公共安全的相关犯罪的社会危害性具有测量上的类比性。

第一章
生态文明刑法机制论

（一）昆明"牛奶河"水污染案：危害行为形态作为入罪标准后是否还需测量生态损害

昆明"牛奶河"水污染案（以下简称"昆明案"）是2013年发生在云南省昆明市的一起水污染刑事案件。云南省昆明市东川区是铜矿开采区，该区长期以来存在大量采矿、选矿企业。2013年有媒体报道，该区境内的小江因水体污染，河水呈乳白色，故将该河称为"牛奶河"。媒体报道后，造成较大社会影响，引发社会公众对该环境污染问题的广泛关注，司法机关介入，最终三家企业及其相关人员被刑事处罚。在该案刑事判决中，法院对上述三家企业污染环境行为的入罪判断均采用相关司法解释①诸多入罪标准中的一条，即"两年内曾因违反国家规定，排放……有毒物质受过两次以上行政处罚，又实施前列行为的"。该案被告人最终被判处3个月至1年3个月不等的有期徒刑及一定数额的罚金。

在上述案件中，法院在对被告人进行定罪量刑时，对危害行为的形态（即排放了何种物质；是否利用暗管、渗井、渗坑等；是否两年内因同一事实第三次行政违法等）进行了司法调查与确认，并据此作出构成犯罪的刑法评价。这引发一个问题，即在污染环境刑事案件的司法判定中，若危害行为的形态符合相关司法解释确立的入罪方式，②

---

① 即最高人民法院、最高人民检察院2013年6月发布的《关于办理环境污染刑事案件适用法律若干问题的解释》（法释〔2013〕15号，以下简称"2013年第15号司法解释"）。

② 即2013年第15号司法解释规定的下列五种情形：（1）在饮用水水源一级保护区、自然保护区核心区排放、倾倒、处置有放射性的废物、含传染病病原体的废物、有毒物质的；（2）非法排放、倾倒、处置危险废物三吨以上的；（3）非法排放含重金属、持久性有机污染物等严重危害环境、损害人体健康的污染物超过国家污染物排放标准或者省、自治区、直辖市人民政府根据法律授权制定的污染物排放标准三倍以上的；（4）私设暗管或者利用渗井、渗坑、裂隙、溶洞等排放、倾倒、处置有放射性的废物、含传染病病原体的废物、有毒物质的；（5）两年内曾因违反国家规定，排放、倾倒、处置有放射性的废物、含传染病病原体的废物、有毒物质受过两次以上行政处罚，又实施前列行为的。

023

在作出有罪判定之后，是否可以不再考虑危害行为的危害后果（即生态环境损害的后果）？

答案是否定的。环境刑事司法中若仅依危害行为的形态进行定罪量刑，显然不符合刑事诉讼法中"事实清楚"的标准。刑事案件中的犯罪事实不仅包括危害行为，还包括危害结果。即便仅依危害行为的形态即可入罪，但这显然不构成案件的全部事实。表1-1是2012—2016年全国2340件污染环境刑事案件入罪方式的统计：①

表1-1　2012—2016年全国污染环境犯罪入罪方式统计表

类型	数量（件）	占比（％）
重金属超标3倍以上	1631	69.70
危险废物3吨以上	561	23.97
其他类型	148	6.32
合计	2340	100

从表1-1可以看出，2012—2016年全国2340件可查询到裁判文书的污染环境刑事案件中有69.70％以"排放重金属物质超标3倍以上"，23.97％以"非法处置危险废物3吨以上"进行了入罪判断，两者合计达到93.67％。需要说明的是，上述"排放重金属物质超标3倍以上""非法处置危险废物3吨以上"皆在2013年第15号司法解释所确定的14种污染环境犯罪入罪方式中，且属于对污染环境危害行为形态的描述。

再来分析同期上述2340件污染环境刑事案件有期徒刑配置情况的统计，见表1-2：

---

① 表1-1和表1-2依据中国裁判文书网中相关司法文书经提取有效信息整理统计而成。笔者指导的硕士研究生廖顺、李彬承担了上述信息的提取与整理工作，特表谢忱。

表1-2　2012—2016年全国污染环境犯罪有期徒刑适用情况统计表

刑期区间	被告人（人）	占比（％）	刑期区间	被告人（人）	占比（％）
半年以下	448	10.91	二年到二年半	143	3.48
半年到一年	2066	50.30	二年半到三年	34	0.83
一年到一年半	1060	25.81	三年到五年	54	1.31
一年半到二年	302	7.35	五年以上	0	0

统计显示：在有期徒刑的配置上，被判处半年到一年的达到2066人，占全部被告人的50.30％；一年到一年半的为1060人，占25.81％；两者合计占比为86.21％。上述数据表明，2012—2016年全国污染环境罪刑事案件中，绝大多数的被告人被处以一年半以下的有期徒刑。就《刑法》第338条为污染环境罪所配置的两档刑期（3年以下、3年以上7年以下）而言，上述刑期是相当轻的。

86.21％的污染环境罪刑事被告人被轻判，93.67％的污染环境罪属于依据行为样态判定入罪。虽然不能认为两者之间存在对应式的必然联系，但表明：若仅对污染环境罪的行为形态进行刑法评价，而不对危害行为所造成的后果进行刑法评价，必然带来"定罪成功，量刑失败"的司法样态，这显然不符合刑事立法目的。

罪刑均衡、罪责刑相适应是刑法的基本原则。以客观事实观之，全国范围内的污染环境罪刑事案件造成的危害后果有轻有重，不可能完全一致，虽然刑罚配置要考虑多种因素，但也不应出现太过明显的刑期趋同（无论是趋向于重刑还是轻刑）。若仅依或主要依据行为形态对污染环境罪进行刑法评价，则会使得刑事处罚出现类似行政处罚的效果，从而削弱刑法的功能。

（二）泰州1.6亿元污染环境案：虚拟治理成本法可否作为危害后果的判断方法

在环境刑事司法中，仅依据危害行为的行为形态进行刑法评价是不全面的，应在事实清楚的指引下对危害行为的危害后果进行刑法评价。需进一步考量的还有，环境刑事司法中哪些危害后果可以引入刑法评价以及如何评价，下面以泰州1.6亿元污染环境案（以下简称"泰州案"）作相关讨论。

泰州案是基于同一事实的数个案件、数个判决的合称，包括刑事案件与民事案件两部分。其中民事部分属于环境公益诉讼案件。基本事实如下：2012年1月至2013年2月，位于江苏省泰州市的六家公司将生产过程中产生的危险废物废盐酸、废硫酸总计2.5万余吨，以每吨20—100元不等的价格，交给无危险废物处理资质的企业偷排进泰兴市如泰运河、泰州市高港区古马干河中，造成水体污染。

该案件的刑事部分先于民事部分被判处。"2014年8月，泰州泰兴市人民法院以环境污染罪判处涉案的14人有期徒刑2至5年，并处罚金16万至41万元……随后，泰州市环保联合会又以公益组织身份，向江苏省泰州市中级人民法院提起环保公益诉讼……泰州市中级人民法院一审判决，常隆等6家公司在判决生效后9个月内赔偿环境修复费用共计160666745.11元，并在判决生效后十日内给付泰州市环保联合会已支付的鉴定评估费用10万元。常隆等公司不服一审判决，上诉至江苏省高院……12月30日，江苏省高院终审判决，维持一审判决的赔偿数额部分，要求6家公司于本判决生效之日起30日内将赔偿款项支付至泰州市环保公益金专用账户。"①

案件的刑事判决部分并没有考量水体被污染的实际损害，但在民事判决部分法院则支持了原告提出的1.6亿元的环境修复费用。有信息表明，上述排放行为发生后，由于江河水具有流动性，被污染河流的水质恢复了原初状态，当地环保部门并没有对水体进行环境修复，

---

① 《常隆化工等企业违法倾倒2.5吨废酸 被判赔偿1.6亿元》，https://www.yicai.com/news/5005144.html，2016年7月30日访问。

第一章
生态文明刑法机制论

也没有发生相关费用。司法文书显示，上述 1.6 亿元的环境修复费用是依据虚拟成本治理法①计算出来的。

虚拟成本治理法作为环保部推荐的环境污染损害鉴定评估方法，自有其科学性。但依据此种方法计算出的环境修复费用可否作为环境刑事案件中的危害后果进行刑法评价？2013 年第 15 号司法解释将"致使公私财产损失三十万元以上的"作为污染环境罪的入罪标准之一，并将"致使公私财产损失一百万元以上的"作为污染环境罪中情节严重的标准从而适用第二档刑期（即 3 年以上 7 年以下），若泰州案刑事部分将上述 1.6 亿元作为定罪与量刑标准，是否合理？

虚拟成本治理法是对生态环境采取虚拟治理而产生的成本的计算方法，也就是说在客观上并没有环境修复行为，因此不能将虚拟成本治理法计算出的数额作为已经产生的财产损失的数额。在污染环境行为的刑法评价中，不能将其直接等价于传统的财产法益被侵害的数额，不能直接将以虚拟成本治理法计算出的环境修复费用作为 2013 年第 15 号司法解释中定罪量刑的公私财产的数额。

虚拟成本治理法既是环境修复费用的核算方法之一，也是对生态损害评估具有操作意义的方法之一。环境被污染、生态被破坏之后，无论是否进行修复，其损害是客观的。上述损害如何纳入刑法评价，既与评价方法相关，也与刑法的理念、原则、机制等相关。在污染环境犯罪领域，行为人往往持间接故意②的心理态度，对危害结果的发

---

① 虚拟成本治理法是环境保护部《关于开展环境污染损害鉴定评估工作的若干意见》中环境污染损害数额计算的推荐方法，是指采取虚拟治理成本乘一定系数从而来确定环境修复成本的方法。参见韩东良、方帅：《污染者被判 960 小时环境公益劳动》，载《中国环境报》2015 年 6 月 24 日第 5 版。

② 关于污染环境罪犯罪构成中的主观要素，在学界存在一定争议，有认为应为故意的，有认为应为过失的。笔者认为该罪的主观要素应为间接故意，即行为人对危害结果的主观心态为放任结果的发生。"间接故意说"是经得起大量案例的实践检验的，实践中基本没有发现涉嫌犯罪的企业或个人主动追求环境被污染结果发生的，而往往是对污染环境的后果可能发生具有一定的认知，但因追求经济利益而放任了结果的发生。

生往往仅具有概括意义上的放任,①而对危害造成的生态损害往往没有能力判断,因此以刑法学的主客观相一致原则衡量,虚拟成本治理法评价出的环境修复费用在定罪量刑时不宜直接适用,但可以作为定罪与量刑的参考。

(三) 河南大学生掏鸟窝案:数量标准可否直接作为生态法益侵害的实际后果

环境刑事司法中既不能不对生态环境损害的事实进行刑法评价,又不能直接将基于虚拟治理而计算出的生态损害赔偿数额直接导入刑法评价,那究竟应如何对环境刑事司法之中生态法益侵害的状况进行评价呢?我们可以河南大学生掏鸟窝案(以下简称"河南案")为例,再作进一步的讨论。

河南案是 2016 年春节前后引发媒体广泛讨论的一件生态环境领域刑事案件。案件基本事实是:家住河南省新乡市辉县的一名大学生,从树上掏得燕隼 12 只并在网上出售,后被刑事拘留并以非法猎捕珍贵、濒危野生动物罪作出刑事处罚。②该案引起社会关注与讨论的焦点在于案件的量刑。部分社会公众认为,掏鸟窝具有一定的普遍性,不少居住在农村的人年少时都做过,是一定群体的集体记忆;虽然从鸟窝里掏得的燕隼是国家二级保护动物,且达 12 只,但判处 10 年 6 个月的徒刑太重。部分公众与刑法学者对该案是否构成犯罪也提

---

① 目前一些地区的司法机关在办理污染环境刑事案件时,突破上述犯罪构成中主观要素为间接故意的底线,而对一些事实上属于"疏忽大意的过失"或"盲目自信的过失"形式的主观要素采取了入罪评价。也有司法机关对污染环境单位犯罪中对行为完全没有认知,仅将相关行为作为工作职务内容的一线工人进行了入罪处理,笔者认为这突破了我国刑法中的主客观相一致原则,应予纠正。

② 该案的二审维持了一审判决,但一、二审判决书并没有公布在中国裁判文书网上,关于该案的案情及一、二审的判决情况新闻媒体进行了广泛报道。参见《大学生掏鸟案细节:曾网上发布买卖鹰隼信息》, http://news.sohu.com/20151204/n429791351.shtml, 2017 年 4 月 13 日访问。

出了疑问。①

该案一、二审法院的判决是有刑法依据的。燕隼属国家二级保护动物，依据相关司法解释，非法猎捕燕隼10只以上即构成《刑法》第341条危害珍贵、濒危野生动物罪中的"情节特别严重"的情形而应处10年以上有期徒刑。该案的焦点在于：法院对破坏环境资源的刑事案件进行裁量时，除了依据相关司法解释确立的数量标准进行定罪量刑外，是否需对生态环境受到的实际损害进行判定？若实际损害与数量标准存在差异，法院可否进行选择？

将涉案野生动物的种类以及数量作为判断是否入罪及罪行轻重的标准，本质上是一种技术手段，即通过野生动物的种类或者数量衡量危害行为带来的危害后果，因此依据这种技术方法测量的法益具有拟制性。上述问题的实质是，在环境刑事司法中，对危害后果的判定，究竟是采实质判断还是拟制判断？

从刑法的精神与原理出发，无论何种犯罪，在可度量前提之下，均应对危害行为的危害后果进行探知。但考虑到法益度量的技术可行性及成本，对某些法益的度量可以转化为行政标准或数量标准，比如以野生动物的种类或数量来指代生态法益的损害程度，但考虑到实质公平，也不应排除辩方对生态法益实际受损程度的有理据辩护。上述实质与拟制的冲突可通过证明责任的分配得到一定程度的缓和，即：检察机关在审查起诉与法庭公诉阶段，只需证明危害行为导致了刑事立法中拟制的后果，辩方对于上述指控可通过证据证明相关的种类或

---

① 对破坏生态行为的主观认知能力进行判定时，采取是否具备概括性认知的标准较为妥当，即行为人对破坏生态的行为对象，比如国家重点保护的动物、植物等的珍贵性、被保护性等的认知只需具有概括意义上的认知即可认为具备刑法上的认识，而无须对行为对象具有精细化认知。换言之，在类似于河南案中对行为人认知能力的判断上，只需对行为人是否认识到作为行为对象的鸟类是否与普通非保护鸟类具有差异性即可，而无须认知到该鸟类的学名、种类归属、保护等级、生态价值等。概括性认知介于无认知与精细认知之间，是较为公允与客观的认知能力判断标准。

者数量所代表的生态环境利益与实际损失之间存在差异,审判机关可在上述检方指控的拟制的危害后果与辩方对实际损害的辩护中进行衡量,据此对危害后果作出基于个案真实的判定。①

(四) 生态文明保障的刑事司法机制中的法益衡量

上述典型案例的讨论表明,在生态文明保障的刑事司法机制中,需高度关注司法官在刑事司法活动中的利益衡量问题。利益衡量,"也称法益衡量,是指在法律所确认的利益之间发生相互冲突时,由法官对冲突的利益确定其轻重而进行的权衡与取舍活动。"② 作为一种司法方法,利益衡量揭示了法官适用法律的过程在一定程度上就是利益衡量的过程,但是,"利益衡量本质上是一种主观行为。正由于利益衡量的本质是一种主观行为,要增强它的妥当性和科学性,有必要从外部程序上去考察,要建立客观的科学的规则体系来完善它。"③

增强环境刑事司法活动中利益衡量科学性的主要路径有:第一,通过刑事立法中不同法益的类型化设置,加强司法官对传统法益与生态法益的识别,将财产法益、人身法益、秩序法益与生态法益作为不同类型的法益纳入刑法司法评价;第二,通过庭审实质化等程序设置,增强刑事司法参与人对拟制法益与实质法益的辩论,增强司法官对不同类型法益大小的识别与度量;第三,降低技术证据法庭准入的门槛,在排除合理怀疑原则的基础上,充分发挥技术证据的证明功

---

① 目前正在推行的以审判为中心的刑事诉讼制度改革对增强环境刑事司法活动的科学性具有积极意义。在该模式下,通过控辩双方的充分、有效辩护,可显著增进对当事人的行为样态、案件的事实情况,特别是生态法益的实际受损情况的法庭认知,从而促进个案裁量的公正。

② 胡玉鸿:《关于"利益衡量"的几个法理问题》,载《现代法学》2001年第4期,第34页。

③ 梁上上:《利益的层次结构与利益衡量的展开——兼评加藤一郎的利益衡量论》,载《法学研究》2002年第1期,第65页。

能，提高对生态法益的度量能力，特别是对生态环境受损害程度、物种及生态要素的生态价值的评估等加强司法判定。

当然，也尚需注意，增强环境司法活动中法益衡量的科学性，实行精细化司法并不能突破刑法的基本原则。"利益衡量只能在法律的疆界内发挥其应有的作用，不能越出法律的边界。而且，利益衡量应当与妥当的法律制度相联系，必须选择在一个妥当的法律制度中进行衡量。"[1] 所以，在环境刑事司法活动中，在加强对生态法益的识别与度量的过程中，刑法理论中的犯罪概念、刑法原则中的主客观相一致原则、谦抑性原则等仍然构成对法益衡量活动的外部约束。

第五节　生态文明保障的刑法机制的法治系统

生态文明保障需要刑法机制，但由于法治具有系统性，刑法机制与其他法律机制作为法治系统中的关联要素，彼此之间既具有功能区分又具有价值连接，故尚需对生态文明保障刑法机制赖以产生功能的法治系统中的相关要素进行分析。下文将探讨生态文明保障的刑法机制与宪法、行政法、环境法等部门法机制的关系。

（一）生态文明保障的刑法机制与宪法

宪法既是刑法的制定依据，也对刑法划定了调整边界。在法律价值上，刑法应传导宪法价值；在法律机制上，刑法应保障宪法的实施。

第一，我国宪法为打击环境犯罪、维护社会秩序、保障人民权益提供了法律依据。《中华人民共和国宪法》（以下简称《宪法》）第26条第1款规定："国家保护和改善生活环境与生态环境，防治污染和

---

[1] 梁上上：《利益衡量的界碑》，载《政法论坛》2006年第5期，第79页。

其他公害。"这表明，我国宪法将保护环境、防治污染与公害作为国家政策。为实现上述国家政策，国家成立生态环境管理机构，颁布相应的法律与行政法规，建立国家环境管理秩序。上述国家环境管理秩序构成我国刑法所保护的社会秩序。据此而言，《宪法》第28条规定，即"国家维护社会秩序，镇压叛国和其他危害国家安全的犯罪活动，制裁危害社会治安、破坏社会主义经济和其他犯罪的活动，惩办和改造犯罪分子"中包含为维护生态环境管理秩序而惩治与改造犯罪分子的内容。

运用刑法手段保护自然资源，在我国也有明确的宪法依据。《宪法》第9条第1款规定，"矿藏、水流、森林、山岭、草原、荒地、滩涂等自然资源，都属于国家所有，即全民所有；由法律规定属于集体所有的森林和山岭、草原、荒地、滩涂除外"，此款明确了自然资源的国家所有权；该条第2款规定，"国家保障自然资源的合理利用，保护珍贵的动物和植物。禁止任何组织或者个人用任何手段侵占或者破坏自然资源"。刑法作为宪法的保障法，将宪法明令禁止的行为纳入刑法调整顺理成章。

由上分析可知，从法治整体价值出发，我国刑法对生态环境、自然资源等的保护具有宪法依据。虽然1982年我国现行《宪法》颁行时，生态环境与自然资源在立法者视角下属于不同领域，但无论从国家经济制度还是国家义务的角度，国家具有保护环境、管理自然资源的职责，这是宪法所明确规定的。建立具体的行政管理制度是落实宪法规范的主要方式，生态环境管理制度、自然资源管理制度都是国家制度体系的组成，其所保护的秩序形态构成宪法文本中所言的社会秩序，并成为我国刑法所保护的客体。

第二，刑法对生态环境的保障应以不侵犯公民基本权利为限。平衡打击环境犯罪与保障人权的关系，应重视环境刑事政策的宪法化。"刑事政策的宪法化有助于消除刑事政策的模糊性，缓和其对实证法体系的冲击，补强其批判立法的功能。应该构建具有宪法关联性、以基本权利为核心的法益概念，使其兼具解释和批判立法的功能。"① 循此逻辑，可以将宪法规定的公民的基本权利作生态主义维度的解释，将生态环境与公民的健康权、财产权、自由权等进行关联，逐步建立起内涵丰富的公民生态法益结构体系。在此基础上，将侵害公民生态法益的行为作犯罪评价时应与犯罪人的人权保障进行衡量从而进行制度设计与程序控制，使生态环境领域的刑事政策具有深厚的宪法基础。

（二）生态文明保障的刑法机制与行政法

生态文明保障的刑法机制与行政法的关系集中体现在环境刑法的行政从属性上。具体而言，环境刑法的行政从属性主要包括环境犯罪成立要件上行政法标准的介入、环境司法过程中行政法标准的参与。

第一，环境犯罪成立要件上行政标准的介入。环境犯罪成立需要行政标准的介入，是环境刑法在现当代的重要特征。刑法学一般将含有这种特征的刑法条款或刑法条款的集合称为行政刑法。环境犯罪成立与否的判定需引入行政标准，其本质是刑法与行政法在保护生态环境上基于其不同法律机制而进行的差异化配置。在现代法治体系之下，公共领域首先需要行政规制，而行政规制的重要机制即在于确定法律主体相关行为的行政违法性。在严密的法治体系之下，对相关法律主体违法性的判断，首先需进行行政违法性的判断，若行为不违反行政法，而直接进行刑法判断，并认为构成犯罪，是违反比例原则与法治精神的，因此在生态环境领域，具有刑法上违法性的前提是存在

---

① 张翔：《刑法体系的合宪性调控——以"李斯特鸿沟"为视角》，载《法学研究》2016年第4期，第41页。

行政法上的违法性。以违法性程度衡量之，环境犯罪是严重违反行政法或具有严重的行政违法性而需承担刑事责任的行为。

第二，环境刑事司法过程中行政法标准的参与。环境刑事司法过程中行政法标准的参与有其必然性。首先，从法益理论出发，法官定罪与量刑的思维过程，可以称为法益识别与法益度量的过程。由于环境犯罪所侵害的客体主要为生态法益，而对于生态法益的识别与度量，往往需要引入行政法上的标准。其次，从精细化司法角度而言，环境刑事司法过程中，对于危害结果的判断，在技术与成本允许的范围内，需对生态环境的损害程度进行合理测量，而这种测量往往需要环境管理上相关标准指导下的方法与技术。最后，依据刑法与行政法的一般关系，被判定为环境犯罪的违法行为应具有行政法与刑法的双重违法性，在此种情形下，行政法上的标准就成为环境犯罪司法判定的形式标准。

环境刑事司法过程中行政标准的参与须控制在一定限度之内。行政标准的参与在大多数情形下，其功能在于对危害后果的评估与评价，因此此种参与应在主客观相一致原则、罪责刑相一致原则等诸项原则的制约之下。在利用行政标准转化的入罪标准进行判定时，除考虑客观要素，也还要考虑行为人主观方面是否表现为间接故意，两者结合方能实现定罪考察。罪责刑相一致原则在环境犯罪内的应用，主要表现为在对环境犯罪的罪过大小的判断上要超越传统犯罪，不能因为当事人的罪感缺失，或社会公众对这类犯罪的恶感不强，而在刑事司法过程中降低对其罪过大小的判断，而应以生态文明的发展进行动态考察，以法治实践引导社会公众对环境犯罪罪感与恶感的生成。①

---

① 环境犯罪罪感与恶感的生成受到诸多因素的影响，比如宗教观念中的罪恶观的塑造等。比较典型的例子是，2009年罗马天主教廷发布了"新七宗罪"，将"污染环境"作为其中之一，这表明污染环境的行为在天主教教义中已经是罪恶，教廷希望教徒们据此约束自己的行为。

(三) 生态文明保障的刑法机制与环境法

生态文明保障的刑法机制还涉及与环境法的关系，主要涉及环境政策与刑事政策的关系、环境正义与刑事正义的耦合两个问题。

第一，环境政策与刑事政策的关系问题。环境政策与刑事政策的关系是当前我国生态环境刑法保护领域必须厘清的问题。"风险社会的存在，决定了抽离政策的分析范式将无法真正认识现代刑法。"① 环境政策与刑事政策，作为国家的公共政策，在形成机制上具有共通性，但在作用机理上具有差异。环境政策作为国家在一定时期内对生态环境是否需要保护以及保护到什么程度的基本态度，往往通过法律形式进行确认或转化。刑事政策是刑法学理论研究的向度之一，② 但"刑事政策并非只是单纯的刑法问题，而是一个社会公共政策的问题"③。刑事政策的作用机理一般是通过确立相应领域的刑事政策，进而制定相应的刑事立法，并带动刑事司法与刑事执行，从而实现对相关领域犯罪的惩治。④

生态环境领域刑事政策的确立受到环境政策与刑事政策的双重影响。环境政策与刑事政策一致时，生态环境领域的犯罪惩治效果较好，反之则惩治效果较差。1997 年《刑法》中关于破坏环境资源保护罪的立法，表明我国确立了较为严格的环境刑事政策，但 1997 年至 2010 年前后，我国同期的环境政策则表现为"经济发展优先、适

---

① 劳东燕：《风险社会中的刑法：社会转型与刑法理论的变迁》，北京大学出版社 2015 年版，第 35 页。
② 马克昌先生认为，"刑事政策根据其指导功能的不同，可分为刑事立法政策、刑事司法政策、刑事执行政策"。参见马克昌：《论宽严相济刑事政策的定位》，载《中国法学》2007 年第 4 期，第 117 页。
③ 陈兴良：《宽严相济刑事政策研究》，载《法学杂志》2006 年第 1 期，第 17 页。
④ 有学者提出了应将刑事政策的范围仅保留在刑事司法之中的观点。参见孙万怀：《宽严相济刑事政策应回归为司法政策》，载《法学研究》2014 年第 4 期。

度保护环境",两者之间存在一定的紧张关系,污染环境领域存在刑事判决阙如现象也就不足为怪了。① 党的十八大以来,习近平总书记关于"绿水青山就是金山银山"及生态文明建设的一系列重要论述表明,我国已经进入了从严保护生态环境的新时期,环境政策制约生态环境犯罪惩治的根本性障碍已经消除。

第二,环境正义与刑事正义的耦合问题。环境正义与刑事正义的二分是环境司法中司法官思维的主要症结。法官作为裁判者,同时也是伦理学意义上的主体,而环境正义作为一种伦理系统,"主要包括环境正义理念、环境正义规范、环境正义德性三个方面"②,法官虽然熟悉环境正义规范,但在裁判过程中将不可避免地受到自身环境正义理念与环境正义德性的影响,在以文本体系作为判断标准时,仍将不可避免地受到其自身道德理性甚至地方性知识的影响。

实现环境正义与刑事正义的耦合还存在两种不同正义观认识论的差异问题。虽然环境正义已经演化为法律规范体系,但生态环境的公共性使人们所衍生出的正义观具有浓厚的整体主义色彩,在此种正义观念之下人们追求生态环境得到保护的结果,而较少关注为实现环境保护目的而采取的方式与手段的合规性、合法性甚至道德符合性。为追求环境保护的效果而不惜一切代价、一切手段,认为自身所从事的行为皆符合正义,可能会演化为"环境恐怖主义"③ 而对法治造成

---

① 笔者曾做过统计,我国《刑法》虽然在1997年即已对污染环境行为采取了入罪的刑事政策,但在长达数十年的时间内,我国的环境污染刑事判决基本上处于阙如甚至"零判决"状态。参见焦艳鹏:《我国环境污染刑事判决阙如的成因与反思——基于相关资料的统计分析》,载《法学》2013年第6期。

② 刘湘溶、张斌:《环境正义的三重属性》,载《天津社会科学》2008年第2期,第30页。

③ 环境恐怖主义(environmental terrorism)又称生态恐怖主义(ecological terrorism),是指为了追求环境保护效果,而不惜采取类似于恐怖袭击的方式对政府或社会施加影响的一种极端社会思潮。

破坏。

环境犯罪中的刑事正义既表现为犯罪行为被否定评价、行为人被刑法惩治，也表现为行为人受到了刑法的公正对待，而没有被滥施刑罚或剥夺自由与财产。个案公正是刑事正义的载体。部分地区的司法机关为回应国家运用刑法手段惩治污染环境犯罪的政策，过度追求环境保护的目的，在个案中对行为人的辩护关注有限，对不同入罪标准的关系掌握有限，对主客观相一致的认知程度有限，粗糙定案的现象还较为严重。

改变上述状况的出路在于，要高度认识到环境刑事政策虽然是环境领域的刑事政策，但在本质上作为刑事政策之一种，仍应通过司法判决体现正义，要坚持案件判决书是运送刑事正义的唯一载体的观念，加强对个案的精细化司法，以刑法机制的有效发挥促进环境法治，进而促进环境保护，实现法治文明与生态文明的统一。

生态文明建设需要强有力的法治保障。在生态文明建设中，刑法既负有重要使命，也面临巨大挑战。既有刑法在保护传统的财产法益、人身法益等方面所具有的机制优势在生态文明保障中存在效用边界。需在现有刑法机制基础之上，以有效保障生态文明建设为目标，尽快建立包括生态法益在内的多元法益保障的刑法机制。加快建设生态文明保障的刑法机制，对于提升刑法在生态文明时代的适应性，保障国家生态安全、控制生态环境风险，提升公众安全感具有重要意义。

生态文明的刑法保障，核心在于对生态法益的保障。生态法益作为人对生态环境具有正当合理需求的权利或利益，是环境犯罪所侵害的实质客体。建设生态文明保障的刑法机制，需在刑事立法机制与刑事司法机制两个主要方面着力。在刑事立法机制建设方面，应注重刑法多元机能的协调配置，将自然资源的生态价值法益化，并努力实现生态法益的类型化、具体化、可测量化，使惩治环境犯罪的刑事立法做到体系完整、结构合理、罪状清晰、罪刑相当，不断提升环境刑事立法的科学性；在刑事司法机制建设方面，需大力加强司法官对生态环境案件的法益衡量能力，以充分辩论、有效辩护等为工具推进庭审实质化，在个案中实现对生态法益的有效识别与度量，进行精细化司法，努力促进个案公正。

生态文明保障的刑法机制的有效运行，有赖于国家整体治理能力的提升与治理体系的现代化。保障生态文明，需充分运用刑法机制，但同时也要认识到刑法功能的有限性以及刑法机制的运作需要法治系统中其他法律机制的协调配置与功能衔接，所以尚需在法治系统视野之下加强刑法机制与宪法机制、行政法机制、环境法机制等的系统连接与功能共建。生态文明时代，人的法益趋向多元化与复杂化，刑法须作出更多调校与适应。当然，不管如何调适，刑法的目的在于对人的价值与尊严的保障与促进，仍应是刑法所承载的亘古不变的使命。

第 二 章
自然资源多元价值论①

近年来，围绕土地、矿产等自然资源国家所有的法律性质问题，法学界进行了较为集中的探讨，较为类型化的学说正在形成，②对一些关键问题的讨论正在走向深入。③如何理解"国家所有"，已不单单是对宪法中相关条文的理解问题，而成为对当前我国法实践、法文本、法研究及其相互关系进行考察的一个重要视角。

在"国家所有"的理解问题上，虽然不同学科、视角在理解上可以有不同侧重，但不存在法学上的国家所有与经济学、社会学上国家

---

① 本章主体内容以《自然资源的多元价值与国家所有的法律实现——对宪法第9条的体系性解读》发表于《法制与社会发展》2017年第1期。

② 主要表征是形成了自然资源国家所有的公权力说、所有制说、双阶构造说、三层结构说等学说。参见巩固：《自然资源国家所有权公权说》，载《法学研究》2013年第4期；巩固：《自然资源国家所有权公权说再论》，载《法学研究》2015年第2期；徐祥民：《自然资源国家所有权之国家所有制说》，载《法学研究》2013年第4期；税兵：《自然资源国家所有权双阶构造说》，载《法学研究》2013年第4期；王涌：《自然资源国家所有权三层结构说》，载《法学研究》2013年第4期。对于上述学说，笔者认为诸位学者皆以自己的知识结构进行了较为圆满的论证，具有逻辑上的自洽。基于宪法与行政法、物权法等的相互关系以及法治的系统价值，笔者较为赞同税兵教授主张的"双阶构造说"。

③ 比如有学者以土地为切入点，对宪法上国家所有的来源进行了系统考证与分析。参见程雪阳：《中国宪法上国家所有的规范含义》，载《法学研究》2015年第4期。

所有的质的区分，更不存在宪法上的国家所有与民法上的国家所有的质的区分。秉持上述理念，笔者认为，对作为国家所有主要文本载体的《宪法》第9条进行不带学科偏好、不设学科门槛的一般性探讨，可能是获得更大公允性结论的路径之一。

无论对《宪法》第9条中所言之自然资源国家所有的法律性质作何界说，自然资源国家所有在我国早已成为法律事实。笔者认为，在当前我国经济、社会与1982年《宪法》立法之时已然发生巨大变动的背景下，对自然资源国家所有进行深入理解与解释的目的设置应包括：其一，增强对现实中存在的与自然资源有关的法律行为的正当性的理解与判断；其二，增强宪法对自然资源领域相关法律的运行机理、解释或修改工作的理念指引；其三，增强宪法相关条文的解释力，提升宪法在经济与社会发生深刻变动的时代的适应性。

笔者在这里要特别强调的是，在上述目的指引之下，有一个事实是不容忽视且必须被我们考量在内的，即：在当今时代，自然资源除了具有财产价值之外，尚具有生态价值与社会价值。无论自然资源国家所有的法律性质如何界说，脱离自然资源的生态价值与社会价值，单纯从国家控制与管理自然资源的经济价值的角度来解释"国家所有"是不具有足够时代关怀与未来朝向的。当前，理解自然资源国家所有，应在自然资源具有多元价值这个事实且《宪法》第9条明确规定"国家所有，即全民所有"这个基本解释的共同约束之下进行，并以此为基础去探寻自然资源"国家所有，即全民所有"的法律实现机制。

第一节　对《宪法》第9条的体系性解读

《宪法》第9条是我国自然资源国家所有制度的文本载体，也是我国自然资源领域相关法律确立某类自然资源属于国家所有的宪法依据。"法规范并非彼此无关地平行并存,其间有各种脉络关联……解释规范时也须考虑该规范之意义脉络,上下关系、体系地位及其对该当规整的整个脉络之功能为何。"① 因此,对《宪法》第9条的理解,除了对条款本身尤其是作为直接规定自然资源国家所有的第1款作出解读外,尚需从该条的内部结构体系、该条在宪法中的体系以及该条与其他自然资源法律关系的层面进行解读。

(一)《宪法》第9条与宪法文本的关系

关于《宪法》第9条在宪法总纲中的地位及其与其他条文的关系,一些学者认为,根据1982年《宪法》的立法原意,"第9条的规定是社会主义经济制度的重要组成部分"②,并认为确立国家和集体所有自然资源是"保证劳动群众集体所有制经济沿着社会主义方向前进,保证个体经济为社会主义服务,保证整个国民经济的发展符合劳动人民的整体利益和长远利益的决定性条件"③。

笔者认为,将《宪法》第9条置于宪法中关于"基本经济制度"的相关规定的模块中进行体系性考察是非常必要的。《宪法》第6条第1款规定:"中华人民共和国的社会主义经济制度的基础是生产资料的社会主义公有制,即全民所有制和劳动群众集体所有制。社会主义公有制消灭人剥削人的制度,实行各尽所能、按劳分配的原则。"这表明,作为生产资料重要来源的自然资源构成经济制度中所有制的重要标的。在宪法已然确立生产资料实行社会主义公有制的前提下,可转化为生产资料的自然资源被法律规定为国家所有在逻辑上就成为

---

① 〔德〕卡尔·拉伦茨:《法学方法论》,陈爱娥译,商务印书馆2003年版,第316页。
② 王旭:《论自然资源国家所有权的宪法规制功能》,载《中国法学》2013年第6期,第10页。
③ 参见1982年11月26日在第五届全国人民代表大会第五次会议上彭真所作《关于中华人民共和国宪法修改草案的报告》。

必然,因此,《宪法》第 9 条是我国宪法所确立的社会主义经济制度的基础,即生产资料的社会主义公有制在自然资源领域的延伸。

(二)《宪法》第 9 条的内部结构体系

《宪法》第 9 条包括两个条款,第 1 款规定:"矿藏、水流、森林、山岭、草原、荒地、滩涂等自然资源,都属于国家所有,即全民所有;由法律规定属于集体所有的森林和山岭、草原、荒地、滩涂除外。"第 2 款规定:"国家保障自然资源的合理利用,保护珍贵的动物和植物。禁止任何组织或者个人用任何手段侵占或者破坏自然资源。"

关于上述两个条款之间的相互关系,学者们曾有过初步研究。税兵认为,"宪法第 9 条第 2 句的规范意义超出了宪法文本中的其他私人财产权保障条款,'国家保障自然资源的合理利用'的表述,可以理解为如下的规范指引:一方面,宪法第 9 条第 1 句规定了国家的所有权主体地位,而第 2 句则规定了作为所有权主体的国家所应承担的社会义务,即自然资源国家所有权应受到'合理利用'的限制;另一方面,第 2 句为自然资源使用预留了制度空间,即只要这种'利用'是合理的,就应受到宪法的保障。"[①] 王旭认为,"从规范的结构来看,第 1 款对应的似乎是一种直接占有的模式,第 2 款则发挥了规制模式的功能"[②],并进一步认为,"国家必须在充分发挥市场的决定作用基础下,通过使用负责任的规制手段,包括以建立国家所有权防止垄断为核心的措施,以确保社会成员持续性共享自然资源"[③]。

上文已经谈及,王旭认为《宪法》第 9 条第 2 款是表明国家对自然资源领域具有规制权力的文本依据,而巩固认为作为国家对于公共

---

① 税兵:《自然资源国家所有权双阶构造说》,载《法学研究》2013 年第 4 期,第 7 页。
② 王旭:《论自然资源国家所有权的宪法规制功能》,载《中国法学》2013 年第 6 期,第 9 页。
③ 同上文,第 5 页。

资源的"公权性支配",资源国家所有权的实质是对资源利用的"积极干预"权,目的在于保障自然资源的合理利用,这种干预权通过立法、行政和司法加以行使,并为这三种权力施加规范与限制。① 笔者认为,《宪法》第 9 条第 1 款与第 2 款之间一定存在逻辑关系,但两者之间是何种关系,依据不同的角度所做出的解释具有差异,王旭所言之自然资源国家所有权的规制功能与巩固所言之公权力说皆有合理成分,但亦有其理论前提与适用边界。

另外,我们也需看到,第 9 条第 1 款在规定"矿藏、水流、森林、山岭、草原、荒地、滩涂等自然资源,都属于国家所有,即全民所有"的同时,也规定"由法律规定属于集体所有的森林和山岭、草原、荒地、滩涂除外",这表明,自然资源的国家所有并非遍及所有自然资源,集体所有也是部分自然资源(森林和山岭、草原、荒地、滩涂)的所有形式。当然,第 9 条第 2 款所言的"国家保障自然资源的合理利用,保护珍贵的动物和植物。禁止任何组织或者个人用任何手段侵占或者破坏自然资源",主要是第 9 条第 1 款的前部即自然资源属于国家所有情形下的逻辑延伸。

(三)《宪法》第 9 条与自然资源领域法律的关系

一般认为,《宪法》第 9 条规定自然资源国家所有构成我国自然资源领域专项法律中自然资源权属的宪法法源。② 但需注意的是,自然资源领域专项法律在对《宪法》第 9 条规定进行转化时进行了进一

---

① 参见巩固:《自然资源国家所有公权说再论》,载《法学研究》2015 年第 2 期,第 115 页。
② 典型的有《中华人民共和国森林法》(以下简称《森林法》)、《中华人民共和国草原法》(以下简称《草原法》)、《中华人民共和国矿产资源法》(以下简称《矿产资源法》)等自然资源领域的法律,上述法律均规定了该类自然资源归国家所有,如《森林法》第 14 条、《草原法》第 9 条、《矿产资源法》第 3 条等。

步解释，如《矿产资源法》第 3 条规定"矿产资源属于国家所有，由国务院行使国家对矿产资源的所有权"，又如《草原法》第 9 条规定"草原属于国家所有，由法律规定属于集体所有的除外。国家所有的草原，由国务院代表国家行使所有权"。上述立法转化表明，《宪法》第 9 条所规定的自然资源国家所有经过自然资源领域专项法律的相关规定，转化为一种具有行使主体（即国务院）的公法意味的所有权。①

在谈及宪法与自然资源领域专项法律的关系时，我们还需注意《宪法》第 9 条第 2 款的转化问题。自然资源领域专项法律的法律功能并非仅对宪法中所确认的自然资源国家所有的部门法确认，其法律手段也不仅仅是通过确立所有权而对自然资源的经济价值进行开发与利用，而是围绕自然资源的开发、利用、保护、节约、管理等诸多法律行为而进行的系统规范。在这个问题上，笔者有一个基本观点，即自然资源领域的专项立法在对宪法进行转化时，不仅对《宪法》第 9 条第 1 款进行了转化，亦对《宪法》第 9 条第 2 款进行了转化。《宪法》第 9 条第 2 款的相关规定成为我国自然资源领域专项法律设置合理开发利用自然资源、禁止侵占或者破坏自然资源的相关规定或制度的宪法法源。②

---

① 从这个意义上来说，目前关于自然资源国家所有权的法律性质的几种学说中，公权力说似乎具有较大的合理性。

② 如《森林法》第 14 条在明确森林的权属之后，第 15 条规定，"森林、林木、林地的所有者和使用者的合法权益受法律保护，任何单位和个人不得侵犯"。《矿产资源法》第 3 条在第 1 款明确了矿产资源国家所有之后以第 2 款明确规定，"国家保障矿产资源的合理开发利用。禁止任何组织或者个人用任何手段侵占或者破坏矿产资源。各级人民政府必须加强矿产资源的保护工作"，该条第 3 款规定，"国家保护探矿权和采矿权不受侵犯，保障矿区和勘查作业区的生产秩序、工作秩序不受影响和破坏"。

第二节　自然资源生态价值与社会价值的法律转化

经济属性是自然资源的本质属性，也是《宪法》将其规定为国家所有并纳入基本经济制度范畴的重要考量。随着我国经济发展水平的逐步提高，尤其是生态文明建设过程中人们对自然资源多元价值认识的深入，自然资源所具有的价值已经超越了财产范畴，其生态价值与社会价值变得愈加重要且具备了法律调整的必要。

（一）自然资源的价值多元性在自然资源立法中得到了逐步体现

作为法律概念的自然资源，因其中心语为"资源"，所以其经济价值与财产属性不容置疑。在实践中立法者对自然资源领域相关物权的规定，采取了从无体物到有体物、从观念物到实体物的技术转化，也即从《宪法》中采取的列举加归纳的方式到物权法中转化为了明确哪些自然资源为法律上的哪一类物。也正是在这个意义上，《宪法》第9条"矿藏、水流、森林、山岭、草原、荒地、滩涂等自然资源，都属于国家所有，即全民所有"的表述到《中华人民共和国物权法》（以下简称《物权法》）①中转化为了4个法律条文。

《物权法》在对《宪法》第9条规定的自然资源国家所有进行立法时进行了类型化，且这种类型化超出了《宪法》第9条对自然资源范围的界定。依据《宪法》第9条，"矿藏、水流、森林、山岭、草原、荒地、滩涂等"皆属自然资源，其基本逻辑为"凡自然资源即属国家所有"，因此"包括但不限于"矿藏、水流、森林、山岭、草原、荒地、滩涂的自然资源都属于国家所有，这是《宪法》第9条所要表达的核心内容。需要引起注意的是，《物权法》在立法中将《宪法》

---

① 《中华人民共和国民法典》自2021年1月1日起施行，《物权法》同时废止。

第9条所列举的数种自然资源区分为了两类即"矿藏、水流、海域"与"森林、山岭、草原、荒地、滩涂",前者以"矿藏、水流、海域属于国家所有"(《物权法》第46条)的表述规定,后者以"森林、山岭、草原、荒地、滩涂等自然资源,属于国家所有,但法律规定属于集体所有的除外"(《物权法》第48条)的表述规定。《物权法》的上述立法方法,实际上缩小了《宪法》中所定义的自然资源的范围。另外,《物权法》将野生动植物资源的所有权问题以第49条单独进行了立法并与第46—48条三个条文形成并列,进一步缩小了《宪法》中自然资源的范围。

综上所述,《物权法》涉及的自然资源虽然涵盖了《宪法》第9条与第10条(土地也为自然资源)中所列举的全部自然资源,但其采取了类型化的立法方式,并对自然资源的理解采取了较窄的范围,其实质是将野生动植物资源、矿藏、水流、海域等排除在《物权法》中所谓的自然资源之外了。《物权法》对《宪法》第9条与第10条的转化采取如此方式在一定程度上表明,在晚于《宪法》立法25年的《物权法》的立法过程中,立法者对《宪法》第9条的自然资源的范围与类型有了新的认识,而这种认识的重要内容可能包括:不同类型的自然资源具有不同的价值,有的偏重于财产价值,有的偏重于生态价值,比如"矿藏、水流、海域"具有明显的财产价值,且较容易实现向物质财产的转化,而"森林、山岭、草原、荒地、滩涂"等则具有显著的生态价值,野生动植物则既具有财产价值又具有生态价值,对《宪法》中不同类型的自然资源在《物权法》中采取不同的条文进行立法也就成为应有之义了。

(二)生态价值是自然资源在生态文明时代的重要价值形态

随着现代科学的发展,自然资源除了具备转化为生产资料与生活资料的财产价值之外,作为其自然载体的森林、草原、滩涂等所具有的调节气候、消化污染、防风固沙、涵养水源、减轻灾害等功能受到了人们越来越多的重视。① 自然资源具有生态系统服务功能表明自然资源具有产出生态功能的价值。自然资源的生态价值从形态上来说表现为一种整体价值，即这种价值并非如财产价值一样具有可分性，而表现为一种整体价值。例如，2005年制定的《阿富汗宪法》载明："自然作为一个整体其价值应该得到尊重。地球生态系统的完整性应当被维护和恢复。所有的生命形式都是独特的，无论其对人类的价值如何都应该得到保护。"② 自然资源生态价值的整体性表现为自然资源所具有的自然形态本身即具有价值，比如林木长于山林、滩涂依偎于海岸线、矿产埋藏于地壳、野生动物生存于栖息地等，这种自然状态本身即具有生态价值，若破坏了其存在状态，则可能使生态系统受到破坏，从而影响气候与环境的稳定性，进而使人类或其他生物生存所需的相关要素遭到破坏。

承上文所述，在生态文明时代，自然资源（土地、森林、草原、滩涂等）除具有生产相关物质的功能之外，还具有产出供人类与动物栖息所需的生态环境的功能，并成为人类进行社会活动与公共活动的空间载体。自然资源的价值"不再仅仅体现为人类从事商品交换活动的计量工具，还体现为人类健康生存的基本环境质量保证，以及维持自然生态系统自身平衡与发展的功能"③。自然资源既具有生态价值又具有传统的生产力价值，"人类要在生态价值实现的过程中生存，更

---

① 此种功能在环境科学或者生态学上，被称为"生态系统服务功能"（ecosystem services）。生态系统服务一般是指地球生态系统向人类提供的生态功能。在概念使用上一般将"生态系统服务"简单地称为"环境服务"。但也有学者认为应严格区分"生态系统服务"与"环境服务"，参见高敏：《"生态系统服务"与"环境服务"法律概念辨析》，载《武汉理工大学学报（社会科学版）》2011年第1期。
② 李挚萍：《环境基本法比较研究》，中国政法大学出版社2013年版，第68页。
③ 张彦英、樊笑英：《论生态文明时代的资源环境价值》，载《自然辩证法研究》2011年第8期，第62页。

要在生产力价值的实现过程中寻求发展,发展是为了人类生存得更好。若生态受到破坏,生存质量无从谈起,发展亦无从谈起。因此文明发展要实现资源环境生产力价值的同时,更要确保生态价值的实现"[1]。

(三) 自然资源的公共属性使自然资源具有鲜明的社会价值

《宪法》第 9 条规定了自然资源归国家所有,是否意味着任何主体在任何情形下使用自然资源的行为均具有违法性?从形式逻辑角度而言,上述疑问的提出是合理的,也正是在这个意义上,孙宪忠研究员诘问:"物权法第 46 条规定矿藏、水流、海域属于国家所有,那么,居民从河里取水是否侵犯了国家的财产所有权?"[2]"用了地下的水、打了地里的野兔、捕了海里的鱼,都是侵害了国家的所有权,如此类推下去,空气不也是国家的了?"[3]

对于上述问题的回答,依据法理应作不同区分。从违法性角度而言,既然《宪法》及《物权法》均规定水流[4]为国家所有,在存在法文本的前提下,未经许可的取水行为是违法的,但违法也存在情节轻重与事由正当与否的差别。违法不一定承担责任,有些违法行为因存在正当事由可以阻却责任,比如居民基于日常生活而从自然水体中进

---

[1] 张彦英、樊笑英:《论生态文明时代的资源环境价值》,载《自然辩证法研究》2011 年第 8 期,第 63 页。

[2] 柳经纬:《我家住在小河边——关于民商事立法中的国有财产情结问题》,载《法学家茶座》(第 19 辑),山东人民出版社 2008 年版,第 55—58 页。转引自税兵:《自然资源国家所有权双阶构造说》,载《法学研究》2013 年第 4 期,第 5 页。

[3] 韩乐悟:《渔业权论争背后的法理冲突》,载《法制日报》2006 年 12 月 31 日。

[4] 这里的"水流"应该既包括水的整体(如江、河、湖、泊、溪等),也包括上述整体的部分。

行的必要性取水一直以来被认为是具有正当性并在实践中得到认可,[①]此种情形下并不构成对自然资源国家所有权的侵犯,也无须获得行政许可与交付对价。

再举一例。在海域所有权归国家所有的既定情形下,公民个人未经许可到海边游泳是否侵犯海域的国家所有?《中华人民共和国海域使用管理法》(以下简称《海域使用管理法》)第3条规定:"海域属于国家所有,国务院代表国家行使海域所有权。任何单位或者个人不得侵占、买卖或者以其他形式非法转让海域。单位和个人使用海域,必须依法取得海域使用权。"对照上述法条,公民个人到海边游泳的行为显然使用了相关海域,但很显然,在相关海域游泳并不属于"侵占、买卖或者以其他形式非法转让海域"的行为,也就是说该法虽然规定了海域属于国家所有,但并没有将侵犯民法上的所有权所具有的"占有、使用、收益、处分"的权能在内的所有行为作为禁止行为,也并没有将公民基于个人生活或爱好而使用海域的行为作为禁止行为。上述分析表明,国家在对国家所有的海域进行具体立法时,为公民个人基于非商业目的而从事的部分行为保留了一定的空间,宪法上的"国家所有"在落实到具体法律的过程中依据公民的生产或生活活动进行了适度的调校。[②]

上述分析表明,自然资源所具有的公共属性使得自然资源的利用与普通私人物品的利用存在较大差异,并使得公民的某些利用行为具

[①] 《取水许可和水资源费征收管理条例》第4条规定"家庭生活和零星散养、圈养畜禽饮用等少量取水的"不需要申请领取取水许可证,这在一定程度上承认了公民基于家庭生活的正常需要而从自然水体中取水的行为具有合法性,不构成对水资源国家所有权的侵犯。

[②] 在这个意义上,税兵教授所言的应分层次看待宪法规定的自然资源国家所有权具有一定的合理性,宪法规定了自然资源国家所有,并不表明国家须如民事主体一样对自然资源进行完全排他性的"占有、使用、收益、处分",而需通过相应的法律机制,使得自然资源的价值分类型地得到实现。

有了天然正当性，从而对相关法律对公民行为的评价形成了违法阻却。前述正当性主要包括：

1. 公民基于生活而有限度利用自然资源的权利应得到尊重

从权利观念而言，自然资源所在地区的人对属于本地区的自然资源往往具有一种天然的权利感，认为自身开发与利用本地区的自然资源具有天然的合理性，"政府享有对资源收入的分配权，既然政府而非开发者主宰矿产收入，作为原住民理所应当分得一杯羹；原住民承担了开发矿产资源带来的经济损失以及环境损失，他们当然有权获得补偿。如果对传统权利实施剥夺，必然引起冲突。"[①]又比如民族地区的狩猎问题，靠山吃山、靠水吃水的观念已经形成。因此为生活而从河流中取水、为取暖烧火而从山林中伐木、为果腹而猎取野生动物等有限利用自然资源的行为，人们会觉得具有天然的合理性，这种合理性确实应得到法律的认可。

2. 基于与自然的朴素关系而对自然观赏的权利应得到承认

人们天然地认为世界万物尤其是大自然非归某个主体所有，名山大川、河流湖泊虽不能被个体占用，但自己有去观赏凝望的权利。这种观赏与凝望不应被他人所限制，也不应支付对价，[②]因此在现实生活中，公民对附着于自然资源之上的自然景观的观赏行为不应受到限制，也并不构成对自然资源国家所有权的侵犯。

（四）自然资源的生态价值与社会价值在我国立法中得到了逐步体现

在部门法立法过程中，对自然资源进行类型化既是对不同类型的

[①] 胡静：《环境法的正当性与制度选择》，知识产权出版社2009年版，第134页。

[②] 也正是在这个意义上，笔者认为自然景区门票的构成，可以包括景区维护的成本，但不应包括欣赏景色的费用。

自然资源具有不同的属性的客观承认,也是法律明确性的需要。以立法目的为考量,我国自然资源领域立法大致可区分为与自然资源有关的产业类法律、与自然资源有关的管理类法律、与自然资源有关的生态类法律三类。

1. 与自然资源有关的产业类法律

该类法律是指以自然资源的开发利用为中心而形成的对相关产业进行管理与规制的法律,属于产业法[①]的范畴。与自然资源有关的产业类法律主要有《矿产资源法》《中华人民共和国煤炭法》《中华人民共和国渔业法》等,这些法律在立法目的上往往具有多重价值,既包括开发利用相关资源、发展产业经济,又包括对相关资源的保护与合理利用,其基本立法逻辑为确立开发与利用主体、明确相关主体的权利与义务、以相关制度与机制保障产业的发展等。

2. 与自然资源有关的管理类法律

该类法律是指以某类自然资源(如土地资源、海域资源等)为管理标的,对其开发、利用、使用等活动进行的行政管理活动进行规范的法律,属行政法范畴。该类法律对自然资源的开发、利用、使用等活动通过建立管理机关、设立行政许可、明确法律责任等方式进行管理,典型的有《中华人民共和国土地管理法》(以下简称《土地管理法》)、《中华人民共和国水法》及《中华人民共和国海域使用管理法》等。

3. 与自然资源有关的生态类法律

该类法律是指以某类自然资源(如森林、草原)的保护为目的,对该类自然资源的开发、利用以及该类自然资源附着的土地(如林

---

① 产业法是调整产业政策的制定、实施过程中所发生的经济关系的法律规范的总称。有学者认为,产业法是经济法中的一项独立法律制度,它与计划法、财政金融法、竞争法有联系又有区别。详见刘文华、张雪楳:《论产业法的地位》,载《法学论坛》2001年第6期,第10—17页。

地、草地）进行管理的法律，属环境与资源保护法范畴。该类法律主要通过设置禁止性规范、划定保护区、确定政府在该领域的规划与计划、投资与补偿等方式设置相应的法律机制，比较典型的有《森林法》《草原法》等。

上述分析表明，自然资源具有超越财产价值之外的多元价值的理念在我国相关领域的立法中已经得到体现。自然资源的多元价值得到现有法律体系承认的主要标志有：自然资源所具有的生态价值已经被我国自然资源领域相关法律所保护，基于自然资源公共性的公民在一定限度内对自然资源使用的正当性也得到了法律的承认与实践的认可，与自然资源有关的法律体系依据自然资源的不同价值具有了产业法、管理法、保护法三种类型的分野。

第三节 自然资源的价值冲突与多元价值的法律实现

自然资源的价值形态、价值维度等问题与人们对其的需求紧密联系并且具有鲜明的时代性。进入 21 世纪以来，自然资源所具有的多元价值受到人们的普遍关注，财产价值、生态价值、社会价值之间的关系以及自然资源多元价值实现的法律机制等问题需要作出相应解答。

（一）自然资源不同性质价值之间的冲突及其解决

由于自然资源具有财产价值、生态价值、社会价值等多元价值，而上述价值之间在客观上具有一定的冲突，[①] 如对森林资源的过度开发可更大程度地满足人们对林产品的需求，但对森林资源的生态价值

---

① 自然资源多元价值之间的冲突，本质上是一定时空条件下人们对自然资源各种价值需求的多元性与自然资源各种价值的有限性之间的矛盾，这一矛盾的解决需要一定时空条件下人们对自然资源所能提供的价值进行一定程度的选择，或者由国家依据相应的公共政策对自然资源的相关价值进行配置。

第二章
自然资源多元价值论

则会形成负面影响。在生态文明时代,人们对良好生态环境需求的正当性已经得到越来越广泛的承认,在自然资源总量有限的约束下,如何解决自然资源多种价值之间的冲突,既是社会政策的选择,① 也是相关领域法律制度必须作出的安排。

在工业时代,自然资源多元价值之间的冲突集中地表现为自然资源的财产价值与生态价值之间的冲突。生态文明先进国家已经意识到,"某些消费或生产方式和对自然资源的过度开采对生物的多样性、人的充分发展和人类社会的进步产生了有害的影响"②,因此需协调好经济发展与生态保护之间的相互关系,提倡"可持续发展"理念,从国家政策层面协调好经济、资源、环境、生态、社会等多个要素之间的相互关系,从满足当代人的多元需求与保障后代人的利益的高度,基于公平理念对资源利益进行代内与代际之间的配置。

以可持续发展理念解决自然资源不同价值的冲突问题已经被国际社会广泛承认。1972年《斯德哥尔摩宣言》的"原则2"明确规定,"为了这一代和将来的世世代代的利益,地球上的自然资源,其中包括空气、水、土地、植物和动物,特别是自然生态中具有代表性的标本,必须通过周密计划或适当管理加以保护。"该宣言的"原则5"还明确规定,"在使用地球上不能再生资源时,必须防范将来把它们耗尽的危险,并且必须确保整个人类能够分享从这样的使用中获得的好处。"另外,可持续发展理念已经被一些国家的相关立法所固定与吸纳,如瑞典《环境法典》第1章第1条开宗明义地宣告:"法典的目

---

① 正是在这个意义上,法国《2004年环境宪章》规定,"公共政策应当促进可持续发展,为此,它们要协调环境的保护和利用、经济的发展和社会的进步。参见朱福惠、邵自红主编:《世界各国宪法文本汇编(欧洲卷)》,厦门大学出版社2013年版,第238页。

② 朱福惠、邵自红主编:《世界各国宪法文本汇编(欧洲卷)》,厦门大学出版社2013年版,第238页。

的是推动可持续发展,以确保当代人和后代人有一个健康和健全的环境。这种发展是建立在承认自然值得保护的事实和我们改造及开发自然的权利必须与明智地管理自然资源的责任相结合的基础之上。"① 又比如墨西哥,该国《生态平衡和环境保护基本法》第15条中明确载明"关于生态平衡的责任,既包括当前的条件也包括决定后代人生活质量的那些条件……不可再生资源应当以能够防止它们耗竭或产生不良的生态影响的方式使用"②。

(二)自然资源"全民所有"的价值实现与部门法机制

自然资源多元价值的实现应以宪法为依托。既然《宪法》第9条规定了"国家所有,即全民所有",那么自然资源价值实现的考量标准即应以"全民所有"自然资源利益为标准。关于自然资源价值实现与部门法机制的关系问题有两个事实前提:其一,自然资源价值所表现出的多层次性、多维度性使得不同类型的自然资源价值的实现在法律机制上具有了差异性;其二,传统法律部门在发展过程中,形成了对某类法益的保护模式或实现机制的技术化或类型化,使得部门法机制与法益类型具有一定的对应性。比如,民法机制主要在于确定权利与义务,实现民事主体的财产法益或人身法益;行政法机制则主要通过具有正当性的行政权力的规范行使,促进行政法目的的实现;环境法律机制主要通过确定国家、公民、法人在环境领域的职责、权利与义务,通过制定相关法律制度,促进生态法益的实现。

民法机制在挖掘物的财产效用最大化的过程中扮演了重要角色。自然资源作为实体经济的重要引擎,为人们提供生产资料与生活资料,是增进社会财富、提高生活水平的重要物质基础。"只有通过社

---

① 李挚萍:《环境基本法比较研究》,中国政法大学出版社2013年版,第50页。
② 同上书,第67页。

会全体成员所缔结的协议使那些外物的占有得到稳定,使每个人安享他凭幸运和勤劳所获得的财物。通过这种方法,每个人就知道什么是自己可以安全占有的。"① 民法通过确定产权与保护交易秩序,使得自然资源的财产价值通过自然资源产品的流转获得交换,自然资源的财产价值被符号化与商品化,并实现了与人力资源、智力资源等生产要素的结合,从而产出了社会生产力。然而民法机制尤其是民法机制赖以生存的市场机制存在的"天然的逐利"特征使得自然资源的财产价值在社会上呈现出不均衡,自然资源的公共性与社会性因此遭到破坏。国家基于公平理念,需对自然资源利益进行基于市场机制之外的调整,而这种调整既包括经济手段也包括行政手段,既包括行政法机制也包括环境法机制,以此来承担国家的给付义务和公平保障义务。

自然资源生态价值的实现需要多种法律机制。自然资源生态价值的存在在一定程度上表现为对自然资源开发的禁限,这与各类主体对自然资源的财产利益的开发形成天然矛盾。国家作为增进国民利益的组织,为了公共利益与长远利益,需要通过多种法律机制对自然资源的生态价值进行维护与保护。自然资源生态利益的保护机制主要依靠行政法、刑法、经济法、环境法等公法机制,如通过具有浓厚行政法特征的自然资源管理法对自然资源的开发与利用活动设置各种管理职责,通过经济法机制对自然资源开发利用中的环境保护进行激励或刺激,促进物质循环与能耗降低,通过刑法手段对违反行政法禁止义务的行为进行犯罪化评价等。

(三) 自然资源多元价值的实现需要差异化的法律机制

1. 自然资源财产价值的法律实现机制

自然资源的财产价值主要通过自然资源产品的生产、交换、消费

---

① 〔英〕休谟:《人性论》(下册),关文运译,郑之骧校,商务印书馆1980年版,第530页。

得到实现。在市场经济条件下,自然资源财产价值的法律实现机制已经成熟,即主要通过民法与商法机制得到实现。民法机制对自然资源财产价值的实现方式主要表现为,在自然资源产权制度的约束下,确立自然资源产品的物权,保障自然资源财产价值的安定性;商法机制则通过自然资源物权的流转使自然资源的财产价值的交易具备合法通道。通过民商法机制的运行,自然资源的财产价值被具体化为自然资源产品的物的价值,并使得自然资源产品通过交换或流通获得产品价值的最大化,其财产价值最终被人所使用或消费,转化为人的生活或生产利益。

2. 自然资源生态价值的法律实现机制

自然资源生态价值的实现主要依赖环境法机制。虽然市场机制使得物的财产效用有了最大化实现的可能,但若自然资源的开发利用过度依赖市场机制,则自然资源将有被滥用的可能,[①] 其生态价值也将受到破坏,为此需建立相应的法律机制对自然资源的生态价值进行保护,环境与资源保护法的价值恰恰在此。环境与资源保护法特别是资源保护法通过一系列的制度,如自然资源开发过程中的计划制度、规划制度、用途管制制度、生态补偿制度等,尽量实现自然资源开发利用与生态保护之间的平衡,使得自然资源的生态产出功能保持在一定状态,以满足人们的生态需求。

3. 自然资源社会价值的法律实现机制

自然资源的社会价值是资源社会性的价值形态。所谓资源的社会性是指"资源无论在现实中为私人所有还是公共所有,都为全社会共

---

① 最为典型的是采矿权,因采矿权存在期限限制,若市场上自然资源价格波动较大,则采矿权人可能在价格高位时加大采掘力度,从而忽视矿区环境治理或丢弃伴生矿物,进而造成资源浪费与生态破坏。

同所有，并通过对资源的私人或公共利用使社会整体福利增加"①。有学者认为，资源的社会性使得自然资源成为非排他与非竞争性的公共物品，"非排他性可以供多人享用，无论个人是否支付费用，都无法排除他人享用；非竞争性系享用人数的增加不会增加其他人的享用。"② 自然资源社会价值的实现有赖于经济法律机制、社会法律机制、行政法律机制等，"由于环境与资源问题的社会公共性特征以及环境污染、生态破坏的外部不经济性特点，国家对环境与资源问题的干预成为克服市场失灵、维护环境与资源社会公共利益、社会公共价值的基本手段"③。国家对自然资源领域相关行为进行干预的目的在于对强势主体与弱势主体之间的利益分配进行调整，使资源的社会性得到尽可能的实现，干预的工具主要包括财政手段、税收手段、价格手段等。

第四节 "国家所有"模式下自然资源多元价值实现与国家义务

由上文分析可知，自然资源在当代社会具有多元价值，且自然资源的多元价值及其法律转化在我国的自然资源法律中已有体现。在上述对自然资源多元价值法律实现的分析中，我们谈到了行政法、经济法、环境法等多个部门法机制，整体而言，上述部门法机制都属于公法机制。笔者认为，在自然资源多元价值的实现中，可超越传统的国

---

① 黄锡生、峥嵘：《论资源社会性理念及其立法实现》，载《法学评论》2011年第3期，第88页。

② 文同爱：《生态社会的环境法保护对象研究》，中国法制出版社2006年版，第96—97页。

③ 柯坚：《环境法的生态实践理性原理》，中国社会科学出版社2012年版，第141页。

家职责范畴，基于宪法上宣布国家拥有自然资源并实际上具有自然资源管理权力的前提下，探讨国家在该领域对国民应负的义务。

（一）国家的法律义务及其基本内涵

"宪法学作为一个部门法学，其分析框架不可避免地会受到本国法理学的影响。我国传统法理学的以权利、义务为中心的分析框架，很大程度上离开了法律生活的实际，不可能对于宪法学研究有真正的引领作用"[①]，这使得在理论研究中"对国家义务长久忽视，导致公民基本权利因缺乏义务主体而被架空、虚化"[②]。在既有的关于国家义务的理论中，人们一般认为，"萌芽于古罗马、古希腊城邦国家、发端于罗马法复兴时期、形成于英国《大宪章》时期、确立于17世纪英国资产阶级革命时期"的国家义务是"国家目的实现的有效路径"[③]，在社会价值多元的现代社会成为解释国家与国民关系的重要切入点。

关于国家义务的内涵，有学者认为，"国家义务寄生于国家概念之中，国家义务与国家目的在同一时序上产生，国家义务与人权概念互为条件，国家义务论涵盖于国家正义论之中"[④]，并进一步认为，"国家义务是创设并满足有利于公民实现最美好生活的条件，履行相应的义务，恪尽相应的责任"[⑤]。古罗马法学家曾说过，"生活的全部

[①] 童之伟：《中国30年来的宪法学教学与研究》，载《法律科学》2007年第6期，第21页。

[②] 袁立：《公民基本权利视野下国家义务的边界》，载《现代法学》2011年第1期，第33页。

[③] 蒋银华：《论国家义务概念之萌芽与发端》，载《广州大学学报（社会科学版）》2011年第7期，第30页。

[④] 同上。

[⑤] 蒋银华：《论国家义务的理论渊源：现代公共性理论》，载《法学评论》2010年第2期，第19页。

高尚寓于对义务的重视,生活的耻辱在于对义务的疏忽"①。可见,国家义务与公民权利是相对应的范畴,并与国家目的紧密关联。

有学者在分析了国家义务的宪法哲学之后认为,"基本权利的国家义务有其宪法哲学基础,是权利需要决定了国家义务,作为客观规范或客观价值秩序的基本权利理论为宪法权利国家义务的存在提供了宪法哲学基础"②。"我国宪法建立了初步的国家义务宪法规范,但是对这些国家义务性规范缺乏足够的重视与研究,致使没有建立起我国基本权利的国家义务理论,从而使基本权利的保障存在许多问题。"③还有学者在分析了权力、权利与义务的相互关系后认为,"国家有权力必有义务,将公民与国家的关系简化为权利—权力关系是不正确的,'国家在法律上的代表就是权力'是一个错误的命题。国家的义务是满足公民权利的需要。权利、国家义务、国家权力三者的关系是:'权利的需要'决定国家义务并进一步决定国家权力;国家权力服务于国家义务并进一步服务于公民的权利。"④

上述关于国家义务的基本理论,为解释《宪法》第9条提供了可资参考的路径。既然国家义务来源于国家目的,且与公民的权利相对应,那么在自然资源领域,基于"全民所有"目的的实现,"国家所有"就具有一定的工具性与手段性,自然资源"国家所有"在自然资源具体法律上所体现的"由国务院行使"即转化为对某类自然资源的管理权,而这种管理权应该服务于在自然资源领域国家相应的义务,上述国家义务的渊源可在《宪法》第9条第2款中找到依据。

---

① 〔古罗马〕西塞罗:《论义务》,王焕生译,中国政法大学出版社1999年版,第9页。
② 杜承铭:《论基本权利之国家义务:理论基础、结构形式与中国实践》,载《法学评论》2011年第2期,第30页。
③ 同上。
④ 陈醇:《论国家的义务》,载《法学》2002年第8期,第15页。

(二) 自然资源"国家所有"与国家义务

近年来,在谈及关于《宪法》第 9 条第 1 款与第 2 款的关系时,已经有学者敏感地注意到,自然资源国家所有权可能与一定的责任或义务相对应。比如,税兵教授曾发出如此疑问:"作为自然资源所有者的国家应承担何种社会义务?宪法所有权与私法所有权在规则上如何勾连?如何实现合宪性控制?"① 张翔教授则较为明确地提出:"宪法第 9 条所列的自然资源这些具有很强的公共性的财产,对其进行的法律层面的内容界定,就要更多考虑其公共使用性。也就是说,虽然这些财产是属于国家所有的,但因为这些财产较之私人财产承担着更多的社会功能,因而应该受到更多的社会约束。"②

在上述义务观的基础上,有学者从规制主义的角度认为,宪法第 9 条是国家为确保社会成员持续共享自然资源,对自然资源使用而设立的国家规制;第 2 款的真谛在于确立具有责任性的"规制国家"而非"全权国家",政府处分自然资源的行为也应符合宪法的规制。③ 另有学者认为,"宪法第 9 条并非简单宣示国家的自然资源所有权,以保障国民经济的发展,而是设立了一种国家责任。"④ 还有学者进一步认为,"国家应当按照《宪法》规定自然资源国有的目的以及相关法律条文对自然资源国家所有权施加限制。"⑤ 张翔教授认为依据基本权

---

① 税兵:《自然资源国家所有权双阶构造说》,载《法学研究》2013 年第 4 期,第 18 页。
② 张翔:《国家所有权的具体内容有待立法形成》,载《法学研究》2013 年第 4 期,第 63 页。
③ 参见王旭:《论自然资源国家所有权的宪法规制功能》,载《中国法学》2013 年第 6 期,第 5—19 页。
④ 陈海嵩:《国家环境保护义务的溯源与展开》,载《法学研究》2014 年第 3 期,第 77 页。
⑤ 肖泽晟:《自然资源国家所有权的宪法限制》,载《南京工业大学学报(社会科学版)》2011 年第 4 期,第 46 页。

利的功能体系,"我们可以相应地将国家义务划分为消极义务(不侵犯义务);给付义务(提供各种物质、程序给付和其他相关服务的义务);保护义务"①。

笔者认为,上述分析框架对于理解国家对因所有自然资源而应承担什么样的责任或义务具有启发意义。从政治哲学、宪法哲学的角度而言,国家对国民具有道义上的义务,这种义务通过法律系统转化为具有文本依托的法律义务,正是在此种意义上,有学者提出了"财产权的社会义务"的命题。对自然资源国家所有法律属性的分析,也可循此路径,可以认为由于国家是自然资源的所有权人而应承担相应的法律义务。另外一种分析路径是,对宪法中公民的基本权利与国家的保障义务在具体类型的权利上的对应性进行剥离,而将公民的基本权利类型化为防御权、受益权、客观价值秩序权,宪法中的国家义务也对应地转化为消极义务、给付义务、保护义务,在自然资源领域,由于自然资源是重要的生产与生活资料,公民可基于受益权而要求国家履行对应的给付义务。

第五节 从"国家所有"到"全民所有"过程中国家义务的基本类型

自然资源从"国家所有"到"全民所有"的实现过程,本质上是自然资源多元价值被公平地惠及全民的过程。从"国家所有"到"全民所有"需要多种法律机制,为国家配置义务是其中之一。国家在自然资源领域对国民负有相应义务,然而这种义务除了在政治哲学与宪法解释上存在外,是否可以类型化并与自然资源领域的法律规范实现

---

① 张翔:《基本权利的受益权功能与国家的给付义务——从基本权利分析框架的革新开始》,载《中国法学》2006年第1期,第24页。

对接？下文中笔者将结合《宪法》第 9 条第 2 款,从规范意义与体系意义两个维度上对国家在自然资源领域的法律义务进行类型化分析。

(一) 规范意义上的国家在自然资源领域的法律义务

诚如崔建远先生所言：在对相关问题进行探讨时,"如果是立法论或者哲学思考,则论者可以自由驰骋,甚至开宗立派；如果采取解释论,就必须受现行法的拘束。"① 因此,在对自然资源国家所有的法律义务进行内容确定时,亦不可脱离《宪法》第 9 条。《宪法》第 9 条第 2 款规定："国家保障自然资源的合理利用,保护珍贵的动物和植物。禁止任何组织或者个人用任何手段侵占或者破坏自然资源。"结合第 1 款中"国家所有,即全民所有"的规定,笔者认为,规范意义上的国家在自然资源领域的法律义务包括如下三点：

1. 自然资源合理利用的保障义务

《宪法》第 9 条第 2 款首句即规定"国家保障自然资源的合理利用",可见从文本意义上,在确立自然资源国家所有的同时,国家亦有保障自然资源合理利用的义务。宪法中之所以规定国家需保障自然资源的合理利用,主要是因为在自然资源归国家所有的情形下,有可能造成相关主体（比如国有企业或者政府相关部门）对资源利益的滥用,从而伤害到全民利益,进而使"国家所有,即全民所有"的宪法目的不能圆满实现。

我国主要自然资源法律在规则设计中均体现了上述国家在自然资源合理利用当中的保障义务。比如,《矿产资源法》第 3 条第 1 款在重申了"矿产资源属于国家所有"之后,在第 2 款专门规定："国家保障矿产资源的合理开发利用。禁止任何组织或者个人用任何手段侵

---

① 崔建远：《自然资源国家所有权的定位及完善》,载《法学研究》2013 年第 4 期,第 66 页。

占或者破坏矿产资源。各级人民政府必须加强矿产资源的保护工作。"又比如,《森林法》分专章规定了"发展规划""森林保护""造林绿化"等,均体现了国家对森林资源合理利用的保障义务。

2. 珍贵动物和植物的保护义务

虽然《宪法》第9条第1款并没有将野生动植物纳入列举的范围,但由于野生动植物在理论上属于自然资源范畴,且其栖息地往往在森林、山岭、草原等各类土地上,因此野生动植物作为自然资源之一种属国家所有也是《宪法》第9条第1款的应有之义。既然野生动植物归国家所有,那么对野生动植物尤其是珍稀的野生动植物的保护亦应成为国家之义务。

保护珍稀的动物与植物是国家的法律义务,这种义务通过相关的法律又转化为政府的具体责任。我国《野生动物保护法》对野生动物的保护与管理设定了诸多的制度与措施,其本质是履行《宪法》第9条第2款规定的相关义务。也正是在上述意义上,有学者认为,宪法"第9条第2款'国家保护珍贵的动物和植物'的规定,从规范层面看,应解释为隐含有'应当'的价值判断和立法宗旨,对公权力设定义务"[①]。

3. 侵占或破坏自然资源的禁止义务

《宪法》第9条第2款规定的"禁止任何组织或者个人用任何手段侵占或者破坏自然资源"是基于自然资源"国家所有,即全民所有"的定义而为国家所设置的法律义务。"国家所有,即全民所有"的定义要求自然资源的利益应该为全民所享,而全民所享的实现即要求对非法侵占或破坏自然资源的行为进行禁止,这是保障自然资源多元价值从国家在形式上占有到公民实际享有得以实现的必要手段,也

---

① 陈海嵩:《国家环境保护义务的溯源与展开》,载《法学研究》2014年第3期,第78页。

是国家在法律上宣称拥有自然资源国家所有权所应承担的相应义务。

国家对侵占或破坏自然资源的行为负有的禁止义务体现在我国的诸多自然资源立法中。例如，我国《矿产资源法》规定了矿产资源勘探、开采的许可制度，并明确了非法侵占与破坏矿产资源的法律责任，《森林法》《草原法》《土地管理法》中也规定了非法侵占与破坏林地、草地、耕地等的法律责任，体现了国家在自然资源领域相应的义务。

（二）体系意义上的国家在自然资源领域的法律义务

关于国家在自然资源领域所应承担的义务，除了对宪法规范的严格解读外，尚有结合宪法目的、宪法体系、宪法与法律的关系等层面的体系性解读。笔者认为，从体系性解读的视角观之，国家在自然资源领域需承担的法律义务主要包括如下三类：

1. 自然资源财产价值的公平保障义务

由于自然资源具有强烈的财产属性，经过开发后可形成矿产品、林产品、水产品、动物制品等可为人们所利用的物，因此各类主体往往具有占有与开发自然资源的强大动力。从逻辑上解释，《宪法》第9条第2款规定"国家保障自然资源的合理利用"应包括自然资源开发利用的全过程，也正是在这个意义上，我国的主要自然资源法律在规则设计中都体现了国家对自然资源开发利用的公平保障义务。

资源开发利用过程中的公平保障义务主要体现在资源开发的准入制度、资源利用权的公平配置、资源利益的公平享有等层面。从中华人民共和国成立以后我国矿产资源开发利用的历史中，我们可以管窥资源开发利用过程中国家公平保障义务的重要性。新中国成立以后相当长一段时间，由于对自然资源国家所有理解的局限，实行了以国有企业垄断性开采为主的方式，禁止市场主体进入，造成了资源开发利用效能低下、资源利益由国家独享的局面。20世纪90年代以来，一些地区对自然资源的开发过度依赖市场且监管不力，迅速出现的"资源富翁"导致了较为严重的社会不公现象。上述情形在本质上是国家在供给自然资源法律与实施管理的过程中,对公平保障义务的理解、履行不到位的表现。加强对宪法中所确立的国家在资源开发利用中公平保障义务的重视,有助于相关法律规则的完善与优化,有利于自然资源在"国家所有,即全民所有"的框架下向"全民共享"的维度迈进。

2. 自然资源生态功能的国家保护义务

如前文所言,虽然《宪法》第9条第2款仅规定了国家"保护珍贵的动物和植物",但由于动物、植物与自然资源的主要载体(林地、草地、水域等)共同构成生态环境,且自然资源的各类要素共同构成整体生态环境并为人类及其他生物提供生态系统服务,因此国家在自然资源开发与利用过程中,应承担良好生态环境的保护功能。

也正是在上述意义上,我国多部自然资源领域的法律,如《森林法》《草原法》《矿产资源法》等在其规则设计中坚持了开发与保护相协调的原则,力争在开发自然资源的过程中,努力做好生态涵养,保证自然环境的生态服务功能,其主要目的就在于对宪法中所规定的自然资源国家所有承担相应的义务。当然,自然资源生态功能的国家保护义务在具体实现方式上是多元的,既包括国家的财政转移支付与生态补偿、产业经济发展中的审查等政府行为,又包括自然资源利用规划制度、计划制度、用途管制制度等法律制度,也包括碳交易、排污权交易等生态服务采购与交易制度等的设计等。

3. 自然资源社会功能的政府供给义务

由于土地、森林、草原、海域等自然资源具有显著的公共属性,部分群体对其垄断将构成对其他社会成员合理使用的排除,因此国家在宪法上拥有自然资源的同时,需向公众提供基于自然资源社会功能的公共产品或公共服务。由于自然资源的公共属性及公民的公共需要，国家在开发利用森林、草原、海域等自然资源时，要考虑到公民对良好生态环境的基本需求，既不应以商业目的对上述资源进行全部出卖，也不应以政府管制为目的对上述资源进行全部垄断，尤其是对公民以休憩、游览、观光等为目的利用自然资源的相应区域，国家应以设置免费公园、免费海滩等方式提供公共服务，并对以保护自然生态为目的的风景名胜区、自然保护区等实行公益性运营。

  自然资源国家所有是我国基本经济制度的重要特征。长期以来，以自然资源开发利用为主的矿业经济、能源经济、资源经济是我国经济形态的重要组成，为国家经济实力的增强与人民生活的改善提供了强大动力。在经济建设、政治建设、文化建设、社会建设、生态文明建设"五位一体"总体布局下，承认自然资源具有财产价值、生态价值、社会价值等多元价值，并对其法治保障模式进行构建是法学研究的应有之义。以《宪法》第9条"国家所有，即全民所有"的基本解释为前提，以自然资源多元价值公平地惠及全民为目标，设计与优化自然资源全民所有的法律实现机制，应成为当前生态文明体制改革与自然资源法律制度优化的路径朝向。对《宪法》第9条第1款与第2款进行体系性解读，引入国家义务理论并将之与自然资源的公共性结合，对国家拥有自然资源而应承担的法律义务进行规范与体系解读，有利于提升宪法在生态文明时代的适应性，也有利于我国自然资源法律的生态化与社会化。

第 三 章
污染环境罪法益分析论*

本章拟以我国《刑法》第 338 条所确立的污染环境罪的司法判定为例，来进行法益理论的考量，尝试探究法益理论的解释论机能在刑事司法中的实现机制与主要过程。

第一节　污染环境罪的准确判定有赖于法益解释

《刑法修正案（八）》第 46 条对《刑法》第 338 条进行了较大修正，其中最为显著的变动是将"造成重大环境污染事故，致使公私财产遭受重大损失或者人身伤亡的严重后果"这一污染环境行为的结果修正为了"严重污染环境"。理论界认为，修订后的《刑法》第 338 条的罪名实质上已变动为污染环境罪，① 在一定程度上承认了生态法益的独立性，降低了污染环境行为的入罪门槛，认为"达摩克利斯之剑已

---

* 本章主体内容以《法益解释机能的司法实现——以污染环境罪的司法判定为线索》发表于《现代法学》2014 年第 1 期。

① 高铭暄教授在其著作中将上述罪名明确称为"污染环境罪"。参见高铭暄：《中华人民共和国刑法的孕育诞生和发展完善》，北京大学出版社 2012 年版，第 563 页。

悬"①，对我国环境污染防治工作将起到有力的震慑与规制作用。《刑法修正案（八）》生效后，污染环境罪设置的立法目的是否得到了有效实现？在具体司法实践中，污染环境罪如何判定？法益的变动对《刑法》第 338 条的实践有何影响？如何度量污染环境罪中的诸种法益从而实现对该罪的科学判定？这些都是值得我们深入思考的问题。

（一）污染环境罪的准确判定在司法实践中长期存在困境

原《刑法》第 338 条重大环境污染事故罪虽以国家的环境管理秩序为主要保护法益，在一定程度上限缩了污染环境行为的入罪范围，但在司法判定中其边界是较易把握的。原条文将罪名的"行为"表述为"违反国家规定，向土地、水体、大气排放、倾倒或者处置有放射性的废物、含传染病病原体的废物、有毒物质或者其他危险废物"，将"结果"表述为"造成重大环境污染事故，致使公私财产遭受重大损失或者人身伤亡的严重后果的"，这种表述方式比较明确。在司法判定中，无论是对"行为"的判断还是"结果"的判断，其边界都较为清晰，对于是否"造成重大环境污染事故"可引入环境保护行政管理机关对环境污染事故的定级，对"致使公私财产遭受重大损失或者人身伤亡的严重后果的"则可由相关的司法解释的具体标准进行度量。因此，尽管原《刑法》第 338 条将污染环境行为的入罪条件设置较高，被学者批评"在犯罪对象、污染排放物范围以及成立犯罪的标准上有诸多缺陷"②，但在刑事司法中其判定标准相对来说还是较为明确的。

与原《刑法》第 338 条较为明确的判定标准相比，《刑法修正案

---

① 冷罗生：《刑法将修 "达摩克利斯之剑"已悬——刑法修正案（八）（草案）的主要动机与要点释疑》，载《环境保护》2010 年第 20 期，第 44—46 页。
② 李希慧、董文辉：《重大环境污染事故罪的立法修改研究》，载《法学杂志》2011 年第 9 期，第 8 页。

(八)》修订并实质上确立的污染环境罪的司法判定标准就不是那么清晰明确了。污染环境罪对相关"行为"的表述为"违反国家规定,排放、倾倒或者处置有放射性的废物、含传染病病原体的废物、有毒物质或者其他有害物质",与原条文的表述没有本质上的差别,① 在司法实践中较易判定,而修正案所确立的"严重污染环境"的"结果"表述在司法实践中如何具体判断成为污染环境罪司法实践的首要问题。

《刑法修正案(八)》于 2011 年 5 月 1 日生效施行。对于如何在司法实践中判定"严重污染环境",尤其是何谓"严重",法学界与法律界有过一些讨论。有学者认为,对于"严重污染环境"的标准可以参照最高人民法院于 2006 年 7 月 21 日公布的《关于审理环境污染刑事案件具体应用法律若干问题的解释》中所确立的相关标准;② 也有学者认为最高人民法院应尽快就此发布相关的司法解释,甚至认为"《人民法院组织法》第 33 条规定,最高人民法院行使的司法解释权仅限于在审判过程中如何具体应用法律、法令的问题。《修正案》第46 条'严重污染环境'是一个高度抽象模糊的术语,但其又是该罪构成的核心实体要件,对其解释直接决定该罪的定性,决定性影响公民基本权利和义务分配,这应该属于立法或立法解释的范畴"。最高人民法院司法解释"立法化","与罪刑法定原则的法定性之间存在着严重的冲突"③,"发布抽象性法律解释的任务应当完全由立法机关来

---

① 差别之处在于删除了"向土地、水体、大气",扩大了"环境"的外延,并且将原条文中的"有放射性的废物、含传染病病原体的废物、有毒物质或者其他危险废物"修正为"有放射性的废物、含传染病病原体的废物、有毒物质或者其他有害物质",扩大了导致环境污染的"有害物质"的范围。

② 参见陈庆、孙力:《有关污染环境罪的法律思考——兼论〈刑法修正案(八)〉对重大环境污染事故罪的修改》,载《理论探索》2011 年第 3 期,第 138 页。

③ 肖爱、吴正鼎:《论〈刑法修正案(八)〉第 46 条之完善》,载《时代法学》2011年第 2 期,第 82 页。

承担"①,不仅指出了上述模糊表述所带来的司法判定困境,而且对《刑法修正案(八)》第 46 条中关于"严重污染环境"的表述提出了立法技术上存在瑕疵的质疑。

(二)污染环境罪立法目的的实现有赖于司法过程中的法益判定

在《刑法修正案(八)》确定污染环境罪两年后的 2013 年 6 月,在党的十八大"大力推进生态文明建设,努力建设美丽中国"理念的催生下,2013 年第 15 号司法解释终于出台了。该司法解释第 1 条对《刑法》第 338 条中的"严重污染环境"进行了明确,列举了 13 种严重污染环境的情形,并将"其他严重污染环境的情形"作为非具体情形规定在第 14 种情形之中,做到了法逻辑上的周延。

毋庸置疑,2013 年第 15 号司法解释实现了"严重污染环境"情形的法定化,可以为司法机关对污染环境罪的司法判定提供直接的参考依据,弥补了两年多污染环境罪无判定标准的司法窘境,对生态文明建设与环境刑事司法具有重要意义。上述司法解释所确立的判定标准中除明确了传统的人身法益与财产法益可以作为侵害对象之外,也确定了诸如"致使乡镇以上集中式饮用水水源取水中断十二小时以上的"、"致使疏散、转移群众五千人以上的"这样的社会法益以及"致使森林或者其他林木死亡五十立方米以上,或者幼树死亡二千五百株以上的"等带有生态法益性质的行为或者对象作为犯罪客体或侵害对象,初步建立起了多元法益侵害的司法判定指导标准体系,具有明显的进步意义。

但我们也需警醒,判定标准的确定仅仅表明了司法解释的制定者

---

① 蒋涛:《罪刑法定下我国刑法司法解释的完善》,华东政法大学 2008 年博士学位论文,第 28 页。

第三章 污染环境罪法益分析论

的法益观念,具体司法实践中司法人员如何对个案进行判定,绝不是对照上述标准进行直接比对就能确定入罪与否的简单行为。污染环境罪司法判定的准确实现仍将有赖于司法人员在正确的刑法解释论的指导下,在刑法精神与相关司法解释的具体指引下,对涉罪行为是否侵害法益、侵害法益的类型与大小等情况进行具体的识别与度量,而这将是一项具有创造性的司法实践活动或过程,以法益论观之,这个过程的实质即为"法益判定"的过程。

法益判定,是指在刑事司法过程中,司法官对不法行为可能侵害或威胁的法益状况进行司法考量的过程。法益判定主要包含法益识别与法益度量两个阶段。需要指出的是,笔者此处所言之"法益度量"与"法益衡量"虽存在紧密联系,但却具有指代上的差异。法益衡量,"原本在于解决宪法上基本权发生冲突时,决定何者具有优先性、优位性、较高位阶、较具重要性或只具有同等重要性"[①]。法益衡量的主体为行为人,即行为人在具有法益判断意志的前提下,对自身行为所侵害或破坏的法益类型进行选择,从而减轻刑法对自己的苛责或惩罚。不过,笔者认为,在刑法的某一罪名所保护的法益为多重法益时,对不同类型的法益进行类型选择与比例关系的考察,或者虽刑法设置的条款保护的为同一类型法益,但所侵害法益价值量的大小与定罪及惩罚之间存在对应关系时,除个人衡量外,最为紧要的还是司法人员的司法判定。此种判定非选择性或排他性的衡量,而是一种基于实现司法公正的度量,可以称之为司法过程中的法益度量。正是在这个意义上,下文中笔者将对污染环境罪判定过程中的法益类型、比例关系及价值量大小进行考量。

[①] 高金桂:《利益衡量与刑法之犯罪判断》,元照出版公司2003年版,第58页。

第二节 法益解释机能司法实现的逻辑起点

法益识别,是指在司法判定过程中,司法官对违规涉罪行为可能侵害或威胁的法益状况与刑事立法所保护的法益进行比对,确定法益有无侵害及所侵害的法益的基本类型的司法过程,是法益理论的解释论机能在刑事司法过程中得以应用的起点。在法益识别过程中,法益类型的判断是其关键,司法官需将现实中具有法益侵害性或威胁性的行为与刑事立法相关条文的法益保护目的进行比对,在确定事实的基础上,对违法性与责任进行判断。从这个意义上讲,法益类型的识别是司法实践中犯罪判断的必经过程。

现行《刑法》第338条污染环境罪所侵害的为双重法益,即既侵害环境管理秩序的秩序法益,又侵害相关主体的生态法益。秩序法益的主体为国家,而生态法益的主体多元,除法律意义上的人之外,还存在其他主体。对污染环境罪的法益类型进行衡量的前提是对污染行为所侵害的法益类型进行识别,即对秩序法益、人的生态法益及非人类的其他主体生态法益的识别。

(一)秩序法益是污染环境行为所侵害的客体之一

秩序是法的基本价值。"任何法,从秩序意义上讲,都要追求并保持一定的社会有序状态"[①],而"所有秩序,无论是我们在生命伊始的混沌状态中所发现的,或是我们所要致力于促成的,都可从法律引申出它们的名称:正像我们所谈的自然法则,道德与习惯法则,逻辑

---

① 卓泽渊:《法的价值论》(第二版),法律出版社2006年版,第393页。

第三章
污染环境罪法益分析论

与美学法则"①。法的秩序价值的实现既取决于通过立法手段对利益的划定、分配与调整,也有赖于"充分运用法的规范功能,以引导和强制等适当的手段,使社会成员的行为符合法定行为模式"②,"在法律社会里,越轨行为往往都以非法的方式即违法的方式存在。任何法对违法行为都有自己的预防、惩治措施,然而这些措施的效果如何,未必尽如人意。法对违法行为的控制效果就成为法的秩序价值实现程度的外在表征"③,"在近代世界,法律成了社会控制的主要手段"④。

秩序法益,虽非学者对法益分类的惯常用法,但在行政法与刑法紧密联系的今天,其内涵已经得到人们较为清晰的感知与认同,且成为"行政不法"行为可能引发刑法后果的法益类型之指代。"行政不法"行为超过烈度,往往成为"刑事违法",有学者认为"环境犯罪形式上违反了保护环境秩序的行政法的规定,但是其实质上是关涉国民福祉的、严重违反伦理道德的危害社会行为"⑤,因此对行政法所维持的秩序仍然需要刑法手段进行兜底性保障。我国《刑法》第338条所在的第六节"破坏环境资源保护罪"从属于《刑法》分则第六章"妨害社会管理秩序罪",虽然有学者提倡环境法益(内涵与笔者所言之生态法益几近相同)应为刑法上之独立类型法益,应单独成章,并认为现行刑法"将环境法益作为层级较低的法益或者同类客体,反映

---

① 〔德〕拉德布鲁赫:《法学导论》,米健、朱林译,中国大百科全书出版社1997年版,第1页。
② 卓泽渊:《法的价值论》(第二版),法律出版社2006年版,第402页。
③ 同上书,第405页。
④ 〔美〕罗·庞德:《通过法律的社会控制:法律的任务》,沈宗灵、董世忠译,杨昌裕、楼邦彦校,商务印书馆1984年版,第10页。
⑤ 侯艳芳:《环境刑法的伦理基础及其对环境刑法新发展的影响》,载《现代法学》2011年第4期,第120页。

了立法者对于环境法益保护的理念还比较陈旧,未能突破传统人本主义的刑法立法理念,将环境法益局限于对个人法益和社会法益的保护"①,笔者对此表示赞同,不过,就目前生态文明发展阶段而言,我国刑法目前所规制的污染环境犯罪所侵害的客体还是应设置为"以生态法益为主,兼及国家的秩序法益"为好,毕竟对于我们这样一个以行政主导为主要管治模式的发展中国家而言,良好而有效的环境管理秩序还有待进一步形成与优化。

我国《刑法》第 338 条罪状描述中的前置性表述"违反国家规定……严重污染环境的"具有典型的行政刑法特征,即犯罪行为以行政违法为前提。在行政违法的前提下,行为烈度达到或超过了犯罪边界,且触犯了刑法中的相关罪名,有可能构成相关犯罪。行政犯与刑事犯在性质上具有差异,"行政犯包括对法益的侵害或威胁,属实质性的违法,是对派生性生活秩序的违反,其理念具有在行政上的合目的性;而刑事犯的理念在于社会正义;应被科以罚金或其他秩序罚的行政法规违反,并不是对行政法规的直接攻击,而是对顺利达到其行政目的而规定的一定义务(即行政义务)的违背。因而应当根据行政犯的特殊性相应适用与普通刑法的一般原则所不同的行政法原则"②。污染环境行为在侵害其他类型法益之前,先行违反了行政义务、侵犯了行政法益,当其烈度达到或超过犯罪边界后,又侵害了刑法的秩序法益(也即刑法所保护的具有运行成本的国家秩序)。因此,污染环境行为达到相应烈度后在承担行政责任的同时,亦应承担相应的刑事责任,从而实现对破坏相应秩序的惩罚,进而达到一般预防与特殊预

---

① 赵秉志、陈璐:《当代中国环境犯罪刑法立法及其完善研究》,载《现代法学》2011 年第 6 期,第 92 页。

② 黄明儒:《也论行政犯的性质及其对行政刑法定位的影响》,载《现代法学》2004 年第 5 期,第 81 页。

防的刑法效果。

（二）人的生态法益是污染环境罪侵害的核心客体

生态法益的概念在学术界尚存在争议。有学者认为："生态法益应理解为生态学意义上为法律所保护的人类赖以生存的共同利益，由空气、水、土壤、动物、植物等组成的生态环境所体现的生态利益是人类生存和发展的根本利益、基础性利益，具有综合性、精神和物质、人身和财产统一性等特征。生态法益不同于以往的国家法益、个人法益、社会法益，生态法益构建于生态系统的价值之上，着眼于全体人类共同的利益。"① 也有学者结合法律机制直接给出了其定义："生态法益是法律机制表达或实现的包括人在内的生态主体对生态要素及生态系统的利益需求。"② 简单而言，生态法益即为法律所承认的人、动物、植物等对生态进行正当利用的利益。

生态法益的主体多元，包括了利用生态的人及生物，但就当前文明状况及生态文明发展所处的阶段而言，人对生态进行合理利用的正当性应优先被法律所承认与保护。生态主义之下法律正义的实现尚需如罗尔斯所认为的正义只可适用于某些情况："中等稀缺的资源、人类中等程度的自利和他们之间（造成伤害的力量）的相对平等"③。作为基于立法目的实现的司法过程中的法益判定，"不只针对同种法益之量的对比，也涉及不同种法益之质的对比；有关前者判断上似乎较无困难，但涉及后者，应参照宪法上基本权（含自然人权）之位阶与

---

① 黄锡生、张磊：《生态法益与我国传统刑法的现代化》，载《河北法学》2009 年第 11 期，第 56 页。
② 焦艳鹏：《刑法生态法益论》，中国政法大学出版社 2012 年版，第 45 页。
③ 转引自〔英〕布莱恩·巴克斯特：《生态主义导论》，曾建平译，重庆出版社 2007 年版，第 92 页。

重要性之考量"①。各国现有之宪法，皆以人之利益保护为出发，在资源有限（政治资源、法律资源、自然资源等）的情形下，法律应优先保护人之合理、正当利益得到实现，这是各国法律的普遍价值取向。因此，在对污染环境罪所侵害的生态法益进行考量时，应首先将对人的生态法益的侵害纳入考量范畴。

人对生态的利用也称为"环境利用行为"，是指"人类为满足生存需要有意识地获取环境要素或者从环境要素中谋取利益的活动"②。总体上而言，人对生态（或者环境）的利用包括两个层面：第一，人对生态环境的直接利用，即人生活在生态之中，需要呼吸清洁的空气、饮用清洁的水源，以及生存在适合人类的气候或外部环境内；第二，人对生态环境的间接利用，即人将本质上是生态要素的自然要素作为经济发展的资源，也即生态要素转化为了作为经济要素的自然资源，如人对森林资源、动植物资源、矿产资源等的利用等。一方面，污染环境的行为可能导致上述人对生态的直接利用产生障碍，比如空气、水、土壤等的污染可能影响到人对关乎其生存的生态要素的使用，导致生活或生存质量下降，乃至直接危害人的生命与健康；另一方面，污染环境的行为还可能导致人们可资利用的自然资源经济价值的贬损，比如有生命力的动植物（包括人工种植的作物）的死亡或其他资源利用价值的减少（比如土壤污染导致土地价值下降），从而影响人类对生态的间接利用。

上述污染环境行为所侵害的两个层面的人的生态法益一般又可以分别转化为人的人身法益与人的财产法益。导致人对生态环境的直接利用产生障碍的侵害行为往往造成人的生命或健康的损害，如饮用因

---

① 高金桂：《利益衡量与刑法之犯罪判断》，元照出版公司2003年版，第59页。
② 汪劲：《环境法学》（第四版），北京大学出版社2018年版，第67页。

环境污染而质量下降的水，呼吸因环境污染而质量下降的空气，以及生活在因污染（噪声污染、光污染、电磁污染、震动污染等）而破坏的环境中，从而侵害到刑法所保护的人的人身法益。导致人对生态环境间接利用产生障碍的侵害行为往往造成公私财产或相关主体可期待利益的价值贬损，如公民个人或法人拥有的养殖水面、农作物、林场、草场等的价值贬损或所拥有的其他自然资源受到的现实损害或潜在威胁，此种损害在本质上侵害的是刑法所保护的相关主体（自然人、法人或者国家）的财产法益。

（三）非人类的其他主体的生态法益也可能被污染环境行为侵害

我们不得不承认，法律文明的发展深受人类中心主义影响，而鲜有将非人类的其他主体设置为法律主体的思考。"时下的法律用语中，生态一律被称为'生物资源''生态资源'。我一直觉得这样的称谓有问题。原因不是它的语意有疵，而是它背后所暗藏的词义有误。'资源'是一功利的概念，具体说，对人的生存、福利有供给价值的物即资源。故'自然资源'的真实含义是：自然物（植物、动物、生物、矿物、阳光、空气、水……）之所以有价值、意义，乃因为人类的生存、福利依赖之。表面看似正确，特别在我们自认为是自然之主宰的情形下。问题是，这种'自认为'和眼前现象都是虚假的。如果以为自然为我们所食、用就被定义为资源的话，那么，我们自己也逃不出是蚊虫、老虎资源的同理逻辑，而后者是我们无论如何不会接受的"[①]。以人的利益的保护与实现为目的，传统法律建立起了以权利模式为主的法律机制，"传统法律不仅是人本位的，也是权利本位的。因为它是平等主体之间有关权利分配、流转、交换、消费和侵权救济

[①] 江山：《人际同构的法哲学》，中国政法大学出版社2002年版，第11页。

的规则。在这种法律关系中，主体关心的是我向相对当事人要求什么、我得失如何，而且这种对自我的关照是排他的。从此意义上讲，传统的法律也是恶法，以恶制恶、维护己私的恶法"①。在现有法律体系中，人是各类自然物的支配者，生态环境在法律关系中往往作为客体。自然生态等各类客体长久以来都是人类开发或改造的对象，当能够被人力所及时，往往被民法定义为"法律上之物"，并通过法律技术在其上设置各种"物权"或者"准物权"。②

然而，以生态学角度观之，生态环境的利用主体不仅包括人，还包括栖息于生态系统中的其他生物。法治是人类文明的推动力之一，当人类文明发展到生态文明阶段，法律有必要在一定限度之内承认非人类的其他主体（主要是动植物，尤其是感知类动物）在地球上正常繁衍生息的正当性及对生态环境利用的正当性，我们不仅要认识到"那些在低等动物的痛苦和毁灭中寻找乐趣的人……将会对他们自己的同胞也缺乏怜悯心和仁爱心（洛克语，笔者注）"③，也要考虑到动物对生态环境的利用在生态学上与人对生态环境的基本利用并无二致。由此，在一定时空中，法律承认的非人类其他主体对生态环境利用的正当性也应成为生态法益的组成，并应成为污染环境行为侵害的客体之一。

污染环境行为对非人类的其他主体的生态法益的侵害在现阶段主要表现为生态环境的污染或者自然生态的破坏对动植物尤其是动物生存的影响。我们不能因为动物在环境被污染、生态被破坏时，没有像

---

① 江山：《法律革命：从传统到超现代——兼谈环境资源法的法理问题》，载《比较法研究》2000年第1期，第2页。
② 参见崔建远：《准物权研究》，法律出版社2003年版。
③ 〔美〕纳什：《大自然的权利》，杨通进译，梁治平校，青岛出版社1999年版，第20页。

人类一样发出愤怒的呐喊与理性的诉求，而认为"动物是无感觉无理性的机器，他们像钟表那样运动，感觉不到痛苦"①，而应以科学与客观的态度，承认环境污染与生态破坏的受害者除了人类之外，还有其他有生命力的主体。另外，我们还要注意到，某些污染环境或破坏生态的行为即便没有对人的生态法益造成侵害或者威胁，但对某些生物对生态环境的利用造成了障碍或侵害的，②仍应纳入因污染环境而导致生态法益受到侵害的刑法考量范畴之内。③

第三节　法益解释机能司法实现的价值依据

法益位阶度量，是指在对违规涉罪行为进行司法判定时，当不法行为所侵害或威胁的法益为多种类型时，对不同类型法益进行位阶高低排序的司法判定过程。法益位阶的度量确定单一行为涉及多种法益侵害或威胁情形下，刑法对法益保护的先后顺序，并主要依据此种位阶顺序形成入罪标准判定的指导。从上述意义上讲，法益位阶的度量是刑法中所固定的法益价值保护的必要性与具体司法实践中违规涉罪行为侵害刑法法益状况的现实比对，是刑事立法价值司法实现的重要手段，也是法益理论在立法过程中的刑事政策指导机能与司法过程中解释论机能与违法性判断机能实现有机结合的连

---

① 曹明德：《生态法新探》，人民出版社2007年版，第3页。
② 比如对没有人类居住的海洋、河流、湖泊等的污染，对没有人类居住地区的空气或者土壤的污染等，虽没有对人的生态法益造成直接侵害，但对栖息于其中的生物的生态法益造成了侵害或威胁。
③ 这里需要解释的是，虽然人与生物对生态环境的利用尤其是对基本生存条件的利用在本质上是相同的，但无生命的自然体如山川、河流、大气等仅作为生态要素而存在，其本身既无利用生态的行为，也无利用生态的意志或本能，是不适合作为生态法益的主体的，因此，所谓"生态法益的主体就是生态"的笼统说法既不科学，在法理学上也不周延，是不可取的。

接点。

　　司法实务中进行法益度量的前提是司法官对定罪量刑具有一定的核准与裁量权。有学者曾言："在任何一个法治国家，刑法面对的一个核心问题就是如何将刑罚的运用限制在适度、必要的范围之内，特别是在法律不得不给执法者留有相当程度的自由裁量的空间时，如何才能保证刑罚的裁量是适度的，不会为实现目的而不择手段，不会出现总成本高于总利益的情况。此时，基于手段与目的间关系考量的比例原则就显得尤为重要，借助比例原则可以对上述情况进行有效的控制。"① 可见，在刑事司法过程中，对相关法益按照比例原则进行考量，是实现刑事立法固定之法益保护目的的重要手段，尤其在存在法益位阶冲突之时。

　　由上可知，在污染环境罪的司法判定过程中，司法官在进行法益识别之后，需对各类不同主体或者性质具有差异的法益在定罪量刑中的比例关系进行衡量。污染环境行为所侵害的法益包括秩序法益与生态法益两类，生态法益具体又包括人的生态法益与非人类的其他主体（主要是动植物尤其是感知类动物）的生态法益，对于人的生态法益而言，又可进一步细分为人对生态环境的直接利用与人对生态环境的间接利用，具体又往往表现为人的人身法益与人的财产法益。

（一）人的生态法益应作为污染环境罪法益位阶度量的首要标准

　　正如"权利位阶反映了权利之间的实质不平等"② 一样，当人与

---

① 陈晓明：《刑法上比例原则应用之探讨》，载《法治研究》2012年第9期，第100页。

② 张平华：《权利位阶论——关于权利冲突化解机制的初步探讨》，载《清华法学》2008年第1期，第51页。

第三章
污染环境罪法益分析论

其他主体在利用生态环境上产生冲突时,如何确定各主体之间的利益位阶显得重要起来。毫无疑问,在对生态环境的直接利用上,当人与其他主体的利益产生冲突时,应优先保护人对生态环境的直接利用,但当人对生态环境的间接利用尤其是人类因经济发展而开发资源、破坏生态、污染环境等从而造成对其他主体(主要是感知类动物)生态利益的威胁时,此种法益冲突之解决标准的设定则取决于人类对生态文明的态度。若我们承认人之生态利益与非人之生态利益皆具有法律正当性,上述利益冲突即转化为不同主体之间生态法益的冲突及其解决的问题范式。

生态法益冲突的解决有赖于基于一定判定标准的法益衡量。"法益衡量,是一种法益位阶或位阶重要性(价值或评价)之考察方法"[①]。不论在权利模式之下,还是在无法类型化为权利的概括式法益模式之下,人作为法律关系的核心主体,也是法律关照的首要对象。我们很清楚地知道,传统法以人的利益为第一考量要素的逻辑具有强大的人文精神支持,不仅需在生态文明法治建设中秉持,也应成为刑事司法在法益衡量上的第一标准。

考察环境污染法律治理的历史可知,当环境污染行为的危害达到一定烈度,尤其是伤害到人的人身法益与财产法益时,方才被国家纳入刑法规制视野。人类发展经济的动力主要来自于人类对生存与发展的需求,在人的生存不能保障的情形下,法律不能苛责人的相关行为从而具备违法性,更不适合将之评价为犯罪。举例而言,不管是原始人还是现代人,为了取暖而在森林中点燃柴木的行为不应被评价为

---

① 高金桂:《利益衡量与刑法之犯罪判断》,元照出版公司2003年版,第58页。

"纵火",也不应认为是对其他主体生态法益的破坏。① 我们"应站在行为人的立场上设身处地考虑其作出意志选择的可能性,因而以行为人标准作为期待可能性的判断标准,是正确的"②。同样,即便在生态文明发展如火如荼的今天,我们仍需清醒地认识到,欠发达国家目前尚处于工业化与城市化的早期,环境问题多半是由于发展不足所造成的,对这些国家为了解决国民的生存问题进行工业化而产生的环境污染行为,以生态文明先进国家所认可的法律准则直接定位为"犯罪"行为是不够妥当的。一言以蔽之,以人的生态法益的侵害程度作为衡量污染环境罪司法判定的核心依据应考虑具体的法治时空,并应结合本国生态文明发展所处的阶段。

虽然我国是发展中国家,但作为世界上环境污染较为严重的国家之一,在已然具备一定的经济基础、国民的生存权利已经得到基本或较好保障、国民普遍对良好生态环境具有需求、环境污染已然对污染地居民的人身法益与财产法益造成侵害或威胁的情形下,将国民的生态法益是否受损作为衡量污染环境罪的首要与核心依据,不仅是对国民的尊重,也是对国民传统法益保护的延伸。因此,在污染环境罪司法判定中将污染行为对国民的生态法益的侵害程度作

---

① 从这个角度而言,笔者并不认为"法益"是利益的天然形态,也不认为人类普遍文明认可的正当利益即为法益,相反,"法益"应为法律认可的具有法律正当性的利益的法律形态,也即只有经由人类法律认可的利益才可以称为"法益"。对生态法益的定位也应依照上述逻辑。在上述例子中,点燃林木的行为在客观上不利于栖息于森林中的生物对生态环境的利用,但因在此种情形下,法律优先保护人的利益,故人类之法律将人之行为评价为合法,将人对森林的利用评价为法律保护之利益,而对非人类的其他主体的利益没有进行法律保护,没有上升为"法益",当然这并不否认非人类的其他主体对生态利用的自然正当性。一言以蔽之,"法益"是经由法律评价而具有法律正当性的法律形态的利益,具备法律保障机制,比自然状态下之利益更具稳定性与实践性,可被利益主体更有理据地享有。

② 陈兴良:《期待可能性问题研究》,载《法律科学》2006年第3期,第72页。

为首要考量指标既具有法理正当性，也符合我国的法治实践与公众期待，应成为生态文明建设过程中通过刑法手段保障公民法益的重要支点。

（二）秩序法益的侵害应作为污染环境罪法益位阶度量的重要标准

在一定意义上，刑法对法益的保护本质上是对秩序的保护，即刑法所要保护的是其他部门法所建立起来的法治秩序以及国家所认可的其他秩序，正是在这个意义上，日本著名刑法学者大塚仁先生认为，"刑法本质的机能包括规制的机能、秩序维护的机能与自由保障的机能"[①]。环境污染防治是现代国家行政管理工作的重要组成，优良的生态环境也应是政府提供的公共物品。国家耗费巨大的人力、物力与财力所建立起来的生态环境管理秩序，在一定程度上也依赖于相关行政法律制度的管制，因此违反国家对环境污染防治的相关规定，已然对行政法益造成侵害，国家对其修复也必然付出成本，在此情形下，违法者承担行政责任并对行政违法行为进行利益填补方才符合法律上的公平理念。当违反行政规范超过一定烈度，达到或超过犯罪边界时，仍然只承担行政责任或民事责任，是不足以对违法者形成心理震慑而有效防止其他"潜在违法者"的越轨行为的，因此对相关行为者引入犯罪行为的判定与刑事责任的承担就具有必要。

秩序法益虽为污染环境罪入罪评价的必备要件，但并非核心与首要指标，而应从属于生态法益的评价。从逻辑学上讲，在污染环境罪的判定中，秩序法益的侵害是必要条件，但非充分条件，即污染行为虽侵害了秩序法益，但没有侵害到生态法益或侵害生态法益的程度不足以达到犯罪边界的，仍不能判定为污染环境罪。在行政法制健全情

---

① 转引自张明楷：《法益初论》，中国政法大学出版社2000年版，第172页。

形下，一般不会发生严重侵害生态法益的污染行为仍然符合行政法律法规的情形，也即污染行为严重侵害生态法益情形下，势必会造成对行政法律法规的违反，从而侵害到秩序法益。从这个意义上讲，侵害生态法益与侵害秩序法益在环境污染犯罪中是存在先后关系与必然联系的。当然上述侵害双重法益的仅有一个行为，刑法不能对其进行重复评价，故对此行为之评价只存在法律逻辑上的先后，而非对不同行为的分别评价。质言之，污染环境犯罪行为对秩序法益与生态法益的侵害不存在刑法上的牵连，不构成数罪，而为实质的一罪，应以一罪处之。

（三）其他主体的生态法益也可作为污染环境罪法益位阶度量的标准

生态文明与政治文明、经济文明、社会文明等其他文明形态的差别之处在于，其他文明形态皆以人的利益为目的，而生态文明则要求实现人与其他主体利益的协同发展。在生态文明时代，单纯以人的利益为考量是不道德的，作为生态文明重要保障的法律机制，若仅以人的利益为唯一考量与制度设计也是不道德的。[①] 在生态文明时代，非人类的其他存在物尤其是人与其他生物赖以生存的生态系统的功能的维护应成为法律保障的对象，严重侵害生态系统或者直接侵害其他生物对生态环境的正当利用的行为应被刑法规制，这是刑法在生态文明时代必须承担的使命。

---

① 笔者认为，生态文明的法律保障机制应主要围绕三个层面进行设计，即利益如何分配、义务如何配置、纠纷如何解决。在这三个层面的制度设计中皆要考量非人类存在物的法益配置问题，即在生态利益的分配上，不能仅仅只将人作为利益主体，而忽略其他生物对生态进行利用的合理性与正当性；在义务配置上要考虑到人类比其他生物利用自然生态更频繁，所以在保护生态方面应承担更多义务，且这些义务应以法律的方式明确配置；在纠纷解决上要考虑到非人类存在物的正当利益受到侵害时，应以适当的程序正义达到对相关事实的客观查证并实现相关主体责任的依法承担。

在污染环境罪的判定中，其他主体的生态法益可与人的生态法益共同作为判定指标，也可以成为独立判定指标。就污染环境的具体情形而言，当人与其他主体共同成为同一污染行为的受害者时，两类主体的生态法益受到侵害的情形可以共同考量，其比例关系可依具体情形而定。人的生态法益受损较小，而其他主体的受损程度较大，两者累加达到或超过刑法所规定的犯罪边界的，或虽无人之生态法益侵害，但其他主体的生态法益受到了达到或超过犯罪边界程度的侵害的，两种情形之下都可作相应的入罪判定。因此，对污染环境罪的生态法益进行衡量需对污染行为对法益的侵害状况进行具体考量，若人之生态法益受到了严重侵害与威胁，可直接对其进行定罪，若虽无人之生态法益之侵害事实或危险，但对非人类的其他主体的生态法益造成了较大侵害或威胁，也可认为构成污染环境罪。

第四节　法益解释机能司法实现的技术路线

法益价值量的度量是指对行为所侵害或威胁的、受刑法所保护的法益的量的确定，通俗地讲，即为对法益价值大小的确定。严格而言，法益价值的大小既与法益类型有关，也与法益类型固定情形下所包含的利益的规模与量有关。因上文已经谈过法益类型识别与不同类型法益的比例关系，故下文中所谈法益价值量的大小，是在法益类型固定模式下对同一性质的法益所包含的利益的规模与量的考量。法益的享有者持有的法益有大有小，法益价值的大小决定法益主体享有法益所带来的利益的大小，相关行为侵害法益的大小的度量是刑法对相关行为性质进行判断（是否构成犯罪，若构成犯罪是构成轻罪还是重罪）的重要依据。

上文已经谈及，污染环境罪侵害的为双重法益，即秩序法益与生态法益。基于秩序法益的特点与衡量技术的局限，在衡量方法上，其价值量的大小往往采取"概括式"方法，也即由立法机关根据刑事立法以及构成相关罪名判定标准的行政法律法规来确定"行政违法"上升为"刑事犯罪"的烈度，其具体标准往往转化为对财产法益或人身法益等传统法益进行量化，价值量的大小也可以通过行政机关的相关标准与司法机关的司法解释得到较准确的判定，因此对秩序法益价值量的度量相对来说是较为明确的。上文中笔者已经表明，污染环境罪中秩序法益的侵害只为犯罪的构成要件之一，而生态法益的侵害才是犯罪成立的核心要件，因此下文中笔者将重点对生态法益价值量的度量原则与方法进行探讨。

（一）人的生态法益的价值量可采取法益转化方式进行度量

上文中谈到，人的生态法益主要包括直接利用生态所产生的人身法益与间接利用生态而产生的财产法益，因此对人的生态法益侵害程度的度量也即人的生态法益价值量的大小的度量可以转化为对人身法益与财产法益侵害程度的度量。

1. 人的生态法益中的人身法益的价值量可转化并类比相关罪名的标准确定

人的生态法益中的人身法益主要包括因环境污染所侵害的人的生命权与健康权两种类型。刑法对生命权价值量的衡量已经有相关方法与标准，比如过失致人死亡之下如何承担刑事责任以及在不同情形下承担刑事责任的大小，又比如交通肇事致人死亡情形下刑事责任如何确定及刑事责任的大小等。笔者认为，因环境污染致人死亡的情形类似于刑法中过失致人死亡或者间接故意情形下致人死亡，而因环境污染致人身体健康受损的情形类似于交通肇事致人伤害的情形。因此，可以尝试将环境污染所导致的人身伤亡后果的大小转化或参照传统刑法对人身法益的衡量标准进行价值量的度量。

我国《刑法》第233条规定了过失致人死亡罪，即："过失致人死亡的，处三年以上七年以下有期徒刑；情节较轻的，处三年以下有期徒刑。本法另有规定的，依照规定。"此种量刑幅度与量刑区间与《刑法》第338条的规定是一致的。《刑法》第133条规定了交通肇事罪，即："违反交通运输管理法规，因而发生重大事故，致人重伤、死亡或者使公私财产遭受重大损失的，处三年以下有期徒刑或者拘役；交通运输肇事后逃逸或者有其他特别恶劣情节的，处三年以上七年以下有期徒刑；因逃逸致人死亡的，处七年以上有期徒刑。"最高人民法院2000年11月15日公布的《关于审理交通肇事刑事案件具体应用法律若干问题的解释》具体确定了交通肇事行为侵害人身法益的入罪标准，即"交通肇事具有下列情形之一的，处三年以下有期徒刑或者拘役：（一）死亡一人或者重伤三人以上，负事故全部或者主要责任的；（二）死亡三人以上，负事故同等责任的"。上述入罪标准与最高人民法院2006年7月21日公布的《关于审理环境污染刑事案件具体应用法律若干问题的解释》中关于《刑法》第338条重大环境污染事故罪入罪标准的"人身伤亡的严重后果"的规定存在较多交集，即"致使一人以上死亡、三人以上重伤、十人以上轻伤，或者一人以上重伤并且五人以上轻伤的"，这表明原《刑法》第338条规定的重大环境污染事故罪与第133条交通肇事罪在人身法益侵害衡量标准方面是基本一致的。

考虑到污染环境行为与过失致人死亡行为或交通肇事致人伤亡行

为在犯罪主观方面可能存在差异,① 因此在涉罪行为所侵害法益价值量大小的相关类比时,上述法益价值量的掌握可比过失致人死亡或者交通肇事致人伤亡的情形适度严格些。若交通肇事造成3人重伤应承担刑事责任,则因环境污染导致1人重伤即可承担刑事责任。考虑到环境污染造成的对他人健康的伤害往往表现为潜伏性疾病,因此可由专业机构评估治疗与康复费用总额,由司法机关具体确定污染行为所侵害的人身法益与传统的人身伤害标准(即重伤、轻伤、轻微伤等)之间的换算关系。

2. 人的生态法益中的财产法益的价值量可转化并类比相关罪名的标准确定

人的生态法益中的财产法益主要包括污染环境行为直接造成的财产损毁、减少的实际价值,以及为防止污染扩大以及消除污染采取必要的、合理的措施而发生的费用。② 因环境污染所导致的直接的公私财产的损失是较易确定的,为防止污染扩大以及消除污染采取必要的、合理的措施而发生的费用也是可以核定的,所以因环境污染导致

---

① 一般认为,污染环境行为的主观方面除过失外尚存在间接故意的情形。也有学者认为,污染环境行为中也存在直接故意的情形。"在环境污染犯罪发生时,行为人在主观上一般并不会积极追求危害结果的发生。根据一些以前环境污染案例的判决来看,法院在认定行为人的主观方面时,一般都认为行为人在排污时是由于疏忽大意没有预见到排污行为会造成重大的环境污染事故,或者是明知自己的排污行为会造成危害,但轻信可以避免而造成损失的心态。但是,应当看到的是,当今很多污染事故的发生都是由于行为人的故意造成的。他们明知排放这些有毒有害的污染物是违反国家规定的行为,作为相关产业的生产者,也知道这些废物会给环境造成重大的污染和破坏,会对人身安全造成很大的威胁。但是,他们却依旧将这些废物直接排放,造成重大污染行为。"参见冯萍、汪莹:《重大环境污染行为定罪新探》,载《人民法院报》2011年6月29日第6版。

② 最高人民法院《关于审理环境污染刑事案件具体应用法律若干问题的解释》第4条对此作了明确,2013年第15号司法解释第9条沿袭了前述规定,对"公私财产损失"作了相同界定。

第三章
污染环境罪法益分析论

的人（自然人、包括国家在内的公法人以及各类法人）的财产损失是可以核定的。财产损失到何种边界为犯罪，需要司法机关根据刑事立法精神、环境犯罪特点以及目前环境污染犯罪的发案情况进行相应设定。

最高人民法院于2006年7月21日公布的《关于审理环境污染刑事案件具体应用法律若干问题的解释》明确了重大环境污染事故罪"公私财产遭受重大损失"的财产价值的入罪标准，即"致使公私财产损失三十万元以上"。这与交通肇事罪入罪标准中的"造成公共财产或者他人财产直接损失，负事故全部或者主要责任，无能力赔偿数额在三十万元以上的"① 是相匹配的。当然考虑到交通肇事行为在主观上为过失，而污染环境行为的主观方面除过失外尚存在间接故意等情形，故在实践中对于财产价值的损失标准可以严于交通肇事罪，也即因污染环境行为导致公私财产的损失可以低于30万元而入罪。②

结合原《刑法》第338条与《刑法》第133条在人的人身法益与财产法益方面的入罪标准，我们可以形成如下对照表：

---

① 最高人民法院《关于审理交通肇事刑事案件具体应用法律若干问题的解释》第2条。

② 也应注意污染环境行为所造成的财产价值损失，与刑法中故意毁坏财物的行为也存在着主客观方面的差异，故污染环境行为的财产价值入罪标准也应有别于故意毁坏财物罪。我国《刑法》第275条规定："故意毁坏公私财物，数额较大或者有其他严重情节的，处三年以下有期徒刑、拘役或者罚金；数额巨大或者有其他特别严重情节的，处三年以上七年以下有期徒刑。"由于我国刑法对上述罪名中的数额未作明确界定，因此各地在实施中的标准也不太相同，比如福建省对上述"数额较大"一般认定为1万元以上5万元以下。笔者认为，污染环境罪所造成的财产价值的损失应高于这里入罪标准的上限即5万元而低于交通肇事罪的入罪标准30万元，入罪标准定在10万元到20万元之间较为合理。

表 3-1　《刑法》第 338 条新旧条款与第 133 条入罪标准比照表

	《刑法》第 133 条（交通肇事罪）的入罪标准	原《刑法》第 338 条（重大环境污染事故罪）的入罪标准	现行《刑法》第 338 条（污染环境罪）可资参考的设置标准
人之人身法益	死亡 1 人或者重伤 3 人以上，负事故全部或者主要责任；死亡 3 人以上，负事故同等责任的	致使 1 人以上死亡、3 人以上重伤、10 人以上轻伤，或者 1 人以上重伤并且 5 人以上轻伤的	致使 1 人以上死亡或者重伤，3 人以上轻伤
人之财产法益	造成公共财产或者他人财产直接损失，负事故全部或者主要责任，无能力赔偿数额在 30 万元以上的	致使公私财产损失 30 万元以上的	致使公私财产损失 20 万元以上的

通过对照可知，在人的人身法益与财产法益的价值度量上，我国司法机关所采取的标准是基本固定的，基于环境污染犯罪与交通肇事犯罪性质的关联，司法机关在为原《刑法》第 338 条设置入罪标准时，基本上移植了交通肇事罪的入罪标准。当然，考虑到我国目前环境保护的严峻形势，且《刑法修正案（八）》对《刑法》第 338 条已然进行了修改，另外考虑到环境污染犯罪在主观上比交通肇事犯罪可能具有更大的刑法上的"恶"，故《刑法修正案（八）》所确立的污染环境罪在人的人身法益与财产法益的入罪标准方面应低于原标准较为适宜，故笔者在上述表格的第三栏依此进行了可资参考的建议标准。

（二）其他主体生态法益的价值量可以生态价值评估方法度量

除人之外的其他主体的生态法益的价值量的确定是污染环境行为侵害法益大小判定的重要方面。环境污染除造成人之健康与公私财产的损害之外,还将造成对动植物等生命体生态法益的侵害。环境污染对于动植物的损害既可能是现实的、剧烈的(比如短期内造成动植物的大量死亡),也可能是潜在的、长期的。严格而言,环境污染造成的水、空气、土壤等自然体的污染即便没有造成人类及动植物现实的、剧烈的法益侵害,但在未来对人及各类生物的侵害风险仍然是客观存在的。对因环境污染造成的非人类的其他主体(主要是动植物)的生态法益被侵害的程度的判定将关系到司法实践中刑法相关条文的适用,故应对其判定方法与判定标准进行明确。

对因环境污染造成的动植物的生态法益损害的价值量进行评价需进行评估模式的转换。《刑法》第338条修正前,因刑法不存在承认生态法益为独立类型法益的前提,所以在司法实践中对因环境污染所造成的动植物死亡现象的刑法评价,一般纳入公私财产损失范围。[①] 需注意的是,动植物的财产价值的价值量与动植物的生态法益的价值量是两个层面的概念,对动植物的财产价值进行评估与对动植物的生态法益进行评估也是两类不同的评价行为。由于人不能利用自己的标准去衡量动植物的生态需求,因此环境污染造成的动植物对环境正当利用之损失的具体衡量具有相当的技术难度,需进行相应的技术模式转换方可能实现。微观言之,由于人与动植物都处于生态系统之中,都在利用水、空气、空间等生态要素;宏观而言,人与动植物都在利用生态系统,因此可将污染行为所侵害的动植物的生态法益的价值量的评估转化为对相关动植物生态价值的评估,也即因环境污染造成的动植物的生态法益的价值量的评估可转化为对因环境污染造成的受到

---

① 由于我国宪法及物权法规定包括动植物资源在内的所有自然资源的所有权所为国家所有,所以从法律逻辑上讲,污染行为对没有人类居住的纯自然生态环境下的动植物造成侵害的,亦形成对国家财产的侵害,但在司法实践中因为判定难度大、成本高,此类行为并没有完全纳入刑法评价,对这类行为的打击与规制水平仍然有待提升。

侵害的动植物的生态价值的评估。

生态价值评估是通过一定的技术手段对人类赖以生存的生态环境的功能及其所提供的生态服务的水平进行价值评定的过程。生态价值评估在环境与资源开发与利用、生态环境损害的赔偿标准的确定方面具有重要意义，正在发展为评估行业的一个新类别。生态价值评估的理论目前正在形成，生态价值评估的方法也正在逐步成熟，目前对于森林、草原、湿地、土壤、海洋①等主要生态要素的生态价值的评估方法已经基本具备，对于森林的生态价值的评估方法已经比较成熟，②在一些重大环境污染事故中相关评价机构已经作出过相应的生态价值评估报告，③为相关环境污染事故的定级、定性、损害赔偿数额的确定乃至刑事责任的承担提供了相应依据。不过，由于我国生态文明建设还处于起步阶段，生态价值评估的理论与方法还有待进一步完善，生态价值评估的机构、评估的程序、评估过程中相关主体利益的保护等重大问题尚需制度化以及有效的法律保障。

---

① 参见李开明、蔡美芳编著：《海洋生态环境污染经济损失评估技术及应用研究》，中国建筑工业出版社2011年版。

② 2008年4月28日国家林业局发布了《森林生态系统服务功能评估规范》，规定了森林生态系统服务功能评估的数据来源、评估指标体系、评估公式等。使用相关理论和方法，可以系统地评估出包括森林有机物生产、涵养水源、保土、纳碳吐氧、游憩、生物多样性和净化环境污染等指标在内的森林生态系统的生态价值。参见中国水产科学研究院黄海水产研究所：《生态价值评估技术理论与方法研究》，载《农业科技通讯》2004年第2期。

③ 如2011年发生在福建的"紫金矿业"污染环境事件中，相关机构提供的生态价值评估报告显示，污染事件造成的生态价值损失达9亿多元。福建省龙岩市新罗区人民法院在2011年1月30日下达的一审判决中，以重大环境污染事故罪对紫金矿业集团股份有限公司紫金山金铜矿判处罚金3000万元，以重大环境污染事故罪判处紫金矿业原副总裁陈家洪有期徒刑3年，并处罚金20万元，其他四名责任人判处不等的刑期及罚金。参见刘百军：《紫金矿业案审判详情披露 立功表现意见未被采纳》，载《法制日报》2011年2月14日。

第三章
污染环境罪法益分析论

将法益的解释论机能应用于污染环境罪的司法判定，可较好地解决该罪长期以来的判定困境，并对犯罪客体非为传统法益的新型犯罪的公正裁量确立示范模式。这种示范模式的要点包括：在个案或类罪中对被侵害的法益进行识别与区分；当侵害客体为多种法益时，对不同类型的法益进行价值位阶的度量；对同一类型的法益被侵害的价值量的大小进行测量；对诸如生态法益等的非传统法益的价值量进行测量模式的转化。上述以法益识别与度量为核心的法益判定过程成为司法工作人员在刑事司法实践活动中的"思维路线图"之时，可能就是刑事司法与刑事立法理念实现紧密连接，且最有可能靠近刑事正义之时。

第四章
污染环境罪因果关系论[*]

近年来，我国环境刑事政策收紧，严重污染环境行为开始真正纳入刑法管控。在司法实践中，污染行为与危害后果之间的因果关系及其证明问题颇为凸显。本章将以我国现有司法实践为切入点，以严格适用刑法与有效回应环境保护客观需要的双重价值为指引，对当前我国污染环境犯罪的因果关系判定问题作相关分析。

第一节 因果关系判定是当前环境刑事司法的难点

2013 年第 15 号司法解释解决了我国污染环境罪的入罪标准设置问题，从根本上改变了我国环境污染的"入罪难"问题。多地司法机

---

* 本章主体内容以《污染环境罪因果关系的证明路径——以 "2013 年第 15 号司法解释"的适用为切入点》发表于《法学》2014 年第 8 期。本章中所引《刑法》第 338 条为《刑法修正案（八）》公布后的内容，而非现行《刑法》规定。第 338 条后又被 2020 年 12 月 26 日公布的《中华人民共和国刑法修正案（十一）》[以下简称《刑法修正案（十一）》]再次修正。

第四章
污染环境罪因果关系论

关依据上述司法解释进行了相关判决,① 环境污染刑事司法判决阙如现象得到了根本改变。但由于刑法理论及刑事司法技术等方面的原因,当前我国环境刑事司法中依然存在诸多难点,因果关系的判定方法及其证成机制就是其中之一。

(一) 我国刑法中规定的污染环境罪具有不同形态

我国《刑法》第338条规定:"违反国家规定,排放、倾倒或者处置有放射性的废物、含传染病病原体的废物、有毒物质或者其他有害物质,严重污染环境的,处三年以下有期徒刑或者拘役,并处或者单处罚金;后果特别严重的,处三年以上七年以下有期徒刑,并处罚金。"按照刑法的一般解释,上述条文既具体规定了刑法所规制的行为,又规定了两档结果,即"严重污染环境的"与"后果特别严重的"②。据此可以认为,我国刑法所规定污染环境罪是比较典型的行为与结果二元型的"结果犯"。

1. 刑法典的文本表述表明污染环境罪为结果犯

对于上述"严重污染环境"的后果,2013年第15号司法解释给出了具体界定。但仔细研读第15号司法解释后可知,该解释第1条"实施刑法第三百三十八条规定的行为,具有下列情形之一的,应当认定为'严重污染环境'"的表述所表明的"实施污染行为,具有某种情形,是刑法当罚之行为"的法律逻辑使得这里的"情形"具有对污染行为是否入罪的限定意义,有将污染环境罪由按照刑法一般逻辑所理解的结果犯转变为行为犯之嫌。

---

① 相关资料表明,2013年我国以污染环境罪的罪名判决刑事案件近百件。笔者在公安部调研期间获知,2014年第一季度全国以污染环境罪立案侦查的环境污染案件达600多件。

② 笔者认为,此处的"后果特别严重的"之"后果",指的是"严重污染环境的"后果。

2. 污染环境罪的入罪标准中包括了行为情节

第15号司法解释第1条第1项至第5项所规定的五种情形①并非后果性行为，而是对在特定区域或以特定方式排放、倾倒、处置的物质达到了特定数量或特定程度后直接设置为可受刑法处罚的入罪行为。笔者认为，以此种方式解释"严重污染环境"在本质上是对该条所规制的行为在入罪判定上使用了"行为情节"是否严重的标尺，将部分在情节上严重的行为以不再考量后果的方式直接进行了入罪化，从而使污染环境罪在司法判定上具有行为犯与结果犯两种并列情形，这在本质上是对《刑法》第338条进行了基于环保实践需要的适度性扩张解释。

3. 危害后果仍然是污染环境罪的重要入罪标准

第15号司法解释第1条第6项至第13项所规定的八种情形②是典型的危害结果。这里的人身伤亡、中毒属于人身法益的侵害后果，公私财产损失属于财产法益的侵害后果，森林或者其他林木死亡、土地生态功能丧失等属于生态法益的侵害后果，而取水中断、群众被迫

---

① 即："（一）在饮用水水源一级保护区、自然保护区核心区排放、倾倒、处置有放射性的废物、含传染病病原体的废物、有毒物质的；（二）非法排放、倾倒、处置危险废物三吨以上的；（三）非法排放含重金属、持久性有机污染物等严重危害环境、损害人体健康的污染物超过国家污染物排放标准或者省、自治区、直辖市人民政府根据法律授权制定的污染物排放标准三倍以上的；（四）私设暗管或者利用渗井、渗坑、裂隙、溶洞等排放、倾倒、处置有放射性的废物、含传染病病原体的废物、有毒物质的；（五）两年内曾因违反国家规定，排放、倾倒、处置有放射性的废物、含传染病病原体的废物、有毒物质受过两次以上行政处罚，又实施前列行为的。"

② 即："（六）致使乡镇以上集中式饮用水水源取水中断十二小时以上的；（七）致使基本农田、防护林地、特种用途林地五亩以上，其他农用地十亩以上，其他土地二十亩以上基本功能丧失或者遭受永久性破坏的；（八）致使森林或者其他林木死亡五十立方米以上，或者幼树死亡二千五百株以上的；（九）致使公私财产损失三十万元以上的；（十）致使疏散、转移群众五千人以上的；（十一）致使三十人以上中毒的；（十二）致使三人以上轻伤、轻度残疾或者器官组织损伤导致一般功能障碍的；（十三）致使一人以上重伤、中度残疾或者器官组织损伤导致严重功能障碍的"。

转移等则属于社会秩序法益的范畴。以上危害后果在该司法解释第 1 条中均确立了明确的入罪标准,并在第 3 条的第 1 至 10 项中明确了《刑法》第 338 条中的"后果特别严重"中的"后果"内涵。由此可以表明,虽然司法解释对一些情节严重的行为采取了直接入罪的方式,但造成较为严重的危害后果仍然是污染环境罪的主要入罪方式,结果犯仍然是污染环境犯罪的主要形态。

(二) 作为结果犯的污染环境行为的入罪需进行因果关系判定

一般认为,只有在结果犯中才存在因果关系是否存在的讨论,因此在对作为结果犯的环境污染行为作是否入罪的考量时,因果关系的判定不可避免,且是能否入罪的关键要素。

1. 因果关系是污染环境犯罪客观方面的重要考量要素

按照一般刑法思维,污染环境行为是否入罪的司法判定包括犯罪的主观要素与客观要素两个方面,而对于犯罪客观要素的考量,行为是否符合构成要件该当性,结果是否属于刑法认可的结果,以及行为与结果之间是否具有刑法认可的因果关系皆不可或缺。正是在上述意义上,大陆法系刑法理论往往将"条件理论"作为刑法因果关系判定的基础理论,在结果犯中若不存在行为与结果之间"引起与被引起"的联系,则不可以认定危害后果与危害行为的关联性,也不可无理据地归责于行为人。因此,污染环境行为所引起的法益侵害的规模确定后,还必须考量此种侵害与污染行为之间的因果关系。

2. 因果关系的判定是环境污染刑事司法过程的必经程序

《中华人民共和国刑事诉讼法》(以下简称《刑事诉讼法》)第 6 条规定,"人民法院、人民检察院和公安机关进行刑事诉讼,必须依靠群众,必须以事实为依据,以法律为准绳"。笔者认为,"以事实为依据"的"事实"既包括作为危害行为与危害后果的事实,也包括危害行为与危害后果之间引起与被引起的关系，即"事实"的查证也包括了因果关系的查证。《刑事诉讼法》第 55 条进一步规定了对案件要"重证据，重调查研究"，其根本目的也在于要查证事实，即：证据是证明事实的证据，调查是查证事实的调查，研究是证明事实的研究，一切证据与调查研究都是为了查证事实。由上可知，在我国，对于污染环境行为与危害结果之间的因果关系的查证是刑事司法过程的必经程序。

第二节 污染环境犯罪因果关系判定的逻辑进路

刑法因果关系的判定是司法官在刑事司法过程中的一种法律思维与法律实践活动。但因果关系的判定到底是事实判断、价值判断，还是其他？污染环境类案件的因果关系判定与其他类案件的因果关系判定存在哪些差异？这些问题的解答对于我们确立污染环境类案件因果关系的证成路径具有重要意义。

（一）因果关系判定在刑事司法中的基本定位

在自然犯罪时代，由于杀人、放火、偷盗等常规犯罪行为与危害后果之间的引起与被引起的关系较为直观，司法官将其判定为具有因果关系与大众认知基本不存在差异，所以鲜被质疑。但近代以来，尤其是工业社会以来，一些行为所产生的危害后果往往通过某些介质或经过较长时间方才显现，因果关系的判定变得复杂起来，也开始被犯罪嫌疑人及社会大众所质疑。

1. 刑法因果关系判定需以客观事实为基础

客观事实只有一个。司法官对因果关系的判定必须尽量还原事实，并排除合理怀疑。正是在这个意义上，刑法因果关系的判定必须遵循的基本逻辑是对危害行为与危害后果之间是否存在引起与被引起的关系进行查证，而这种引起与被引起的关系在形式逻辑上即转化为条件关系。在实践中，条件关系的判定往往采取内涵为"若无前者存在，即无后者发生"的 condition sine qua non 公式（简称 c. s. q. n 公式）。① 这种条件关系中引起与被引起的判定在本质上是对客观事实的判定，在哲学意义的认识论上可归类为事实判断。

这种引起与被引起的条件关系虽然在个案中千姿百态，并表现出"二重""重叠""假定""断绝""可替代""合义务的择一"②等多种样态，但引起条件并非为唯一条件时才肯定条件关系。条件关系作为不以人的意志为转移的客观要素，是犯罪嫌疑人、司法官以及社会大众多元参与和关注下的司法活动的共同指向的标的。坚持以客观事实为基础的刑法因果关系的判定，是坚持司法活动客观性与可靠性的重要前提。在这个意义上，关于行为人是否构成犯罪的判断是在包括因果关系在内的客观要素判断之后的判断。

2. 刑法因果关系判定要体现刑法的目的与价值

犯罪是因侵害法益而应受刑事处罚的行为。对行为是否成立犯罪并接受处罚的判断，从来就不是单纯的事实判断，而是掌握刑法机器的国家对行为人行为的法律评价。刑法对行为的评价尤其是对行为是否界定为犯罪的评价，表明了国家的价值态度：对犯罪行为不可容忍、通过惩罚犯罪人而对该行为表示极端否定。犯罪的否定性评价表明了关于是否犯罪的判断在哲学认识论上可归类为价值判断。

作为价值判断的犯罪判断的前提是包括因果关系在内的客观事实的查证。有些情形下的因果关系的客观性是司法活动参与者共同认可且容易证明的，但有些情形下的因果关系却是较难明确、较难证明，或者证明的成本极高而无相关主体愿意承担的。为追求刑法之目的，

---

① 参见靳宗立：《刑法总论Ⅰ：刑法基础理论暨犯罪论》，作者自版 2010 年版，第 184 页。

② 张明楷：《刑法学》（第三版），法律出版社 2007 年版，第 168—169 页。

在效率与公平兼顾的思维之下,司法官往往需对无法完全查证清楚因果关系的行为进行法律评价,甚至在某些情形下不问因果,而直接以结果之客观归责作出刑法评价,这是近代以来各国在刑事司法过程中普遍遇到又不得不面对的问题,也是刑法因果关系证明过程中所不得不考量的客观现实。因果关系的判定方法、证明标准等刑事司法技术在刑法价值与目的已然随社会变迁发生部分变动的情形之下不得不作出相应的调整。

(二) 污染环境犯罪因果关系判定的特殊障碍及其破除

刑法因果关系的判定是以客观事实为基础、以行为人有无罪责及罪责大小的判定为目标的事实判断与价值判断相结合的刑法思维过程,其本质是对结果犯的结果与行为之间的关联性在对行为人的定罪中应否考量以及考量到何种程度的判断。查证事实是在一定价值指引之下的实践活动,而事实的查证在不同类型案件中存在不同情形与不同程度的困难。在污染环境罪因果关系判定中具有如下特殊障碍:

1. 污染环境行为与结果之间往往存在时空隔离

污染环境行为尤其是工业排污所形成的水污染、土壤污染等所造成的危害后果往往具有较强的时空隔离性。在空间隔离性上,污染行为作出地与危害后果发生地往往间隔较远,少则几千米、多则几十千米,甚至上百千米。几十千米甚至上百千米的距离,往往由于河网密布、支流众多、排出同一种物质的排污者不止一个或污染物相互之间在河道中发生化学反应,因此当危害结果发生时,结果与上述某个排污行为之间的因果关系实难判断。① 在时间隔离性上,由于危害物质

---

① 笔者在挂职担任检察院副检察长期间曾办理一起水污染案件,涉嫌犯罪的排污企业的污水排放口距离产生危害的自来水厂取水口达 75 千米之远,而这 75 千米内,河网密布,各类化工企业达上百家,对污染物的同一性排查难度颇大。

第四章
污染环境罪因果关系论

在人体的累积达到法定的中毒、重伤或死亡等往往需要较长时间,而待结果发生后再去倒查排污者行为时,往往行为已经不可还原或不可能完全还原。时空的隔离性是污染环境犯罪刑法因果关系判定方面的客观障碍,也是在这类犯罪的判定上相关技术性规则必须作出调校的首要原因。

2. 污染环境行为与结果之间往往存在物质媒介

环境科学的研究已经表明,污染环境的物质往往需在水体、空气、土壤等介质中留存并发生物理或化学作用后通过食物、水源等进入人体而使人体机能受到损伤或对公私财产造成侵害。由于污染环境的行为与危害后果之间经过了上述的物质媒介及物理、化学等变化过程,通过刑事司法技术去追踪某一具体的排污者排出的某类物质是否进入了某个人的人体,难度极大甚至不可能完全做到,这就使得作为结果犯的环境污染行为在刑法因果判定上若采取普通伤害类案件的证明方法、证明标准等是不可行的,也是不经济的。①

3. 污染环境犯罪的判定需对证明机制进行调校

由上述分析可知,污染环境犯罪刑法因果关系的判定若坚持按照传统的人身法益、财产法益受到侵害的犯罪类型的因果关系的判断方法、判断标准来实践,往往使大多数污染行为因因果关系不明而很难达到传统意义上的"事实清楚",从而较难进入公诉或者审判阶段,既定的环境刑事政策将有在实践中落空的风险。笔者认为,若要使通过刑法手段惩治污染环境行为的刑事政策得到落实,应在刑法一般价

---

① 在浙江省嘉兴市发生的一起污染环境案件中,仅在确认物质种类的鉴定上所花费的鉴定费用即达50万元之巨。鉴定费用若由环保机关承担,则需在目前环保经费并不完全充足的情形之下由财政增加预算,若由公安机关或检察机关承担,也将对现有办案经费的配置产生影响。鉴定费用的承担方式已成为当前基层司法机关办理污染环境案件的困扰之一。

值得到实现的基础上,以生态文明的有效保障为目的,对现有刑事司法过程与刑事司法技术进行适度调校,建立与污染环境犯罪惩治相适应的证明标准、证明内容及证明形式。下文笔者将基于我国司法实践,以严格适用刑法与有效回应环境保护客观需要的双重价值为指引,对上述调校的主要方面及机制设计进行相关阐述。

第三节 污染环境犯罪因果关系判定的证明标准

污染环境犯罪因果关系判定的证明标准,是指在刑事司法过程中确定的证据收集到何种程度即可认为涉嫌污染环境犯罪的行为与结果具有刑法上因果关系的标准。关于此问题,笔者认为可在我国刑事诉讼法所确立的证明标准的既有约束下,结合污染环境犯罪的特点对证明标准作局部调校,并依据相关的理论研究成果明确其解释论基础。

(一)污染环境犯罪对刑事诉讼证明标准的实践路径

1. 我国刑事诉讼法对证明标准具有明确设置

《刑事诉讼法》第55条确立了我国刑事诉讼的证据标准,即"证据确实、充分",并进一步解释:"应当符合以下条件:(一)定罪量刑的事实都有证据证明;(二)据以定案的证据均经过法定程序查证属实;(三)综合全案证据,对所认定事实已排除合理怀疑",上述条文具体设置了刑事诉讼中的事实证明总标准与具体条件。笔者认为上述标准是《刑事诉讼法》对包括污染环境犯罪在内的所有犯罪进行包括因果关系在内的客观要素证明的总要求,是污染环境犯罪刑法因果关系证明的基本标准,也是对污染环境犯罪证明标准设置的法律约束。

2. 污染环境犯罪客观要素的证明标准的适用

上述我国《刑事诉讼法》证明标准的三要件虽然构成了各类犯罪客观要素证明的基本标准，但结合类罪特征及个案特点，三要件的掌握尚需具体细化。具体在污染环境犯罪中，"定罪量刑的事实都有证据证明"是指对污染环境行为进行定罪量刑时，需对污染环境行为中与定罪量刑相关的事实进行查证并取得相关证据。由于污染环境行为往往存在复杂过程，对污染物产生—排出—相互作用—产生污染—造成破坏的全过程的查证难度很大，且耗费公共资源甚巨，因此在定罪量刑的证明标准选择上仅需对"定罪量刑的事实"有意义的部分做到有证据证明，即可认为符合了三要件之第一要件。①

3. 因果关系证明标准应与客观要素证明标准适应

上文已经谈及，对污染环境犯罪定罪量刑的事实的证明标准应以定罪量刑的需要为限，而无须对污染物产生、污染物相互作用的技术细节进行程序过程的审查，上述所言"以定罪量刑的需要为限"亦包括了对因果关系的判定。作为结果犯的污染环境行为与危害后果之间的因果关系的查证若完全按照常规犯罪行为的查证标准进行直接判定，需支付大量的技术成本与时间成本，往往造成司法资源的大量占用并对刑事诉讼法规定的侦查、审查起诉等的期限提出挑战，因此是需要进行调校的。笔者认为，对污染环境案件，可在与定罪量刑有关的事实皆已查证的基础上，以刑事诉讼中的"非法证据排除"与"合理怀疑排除"来进行适当的程序控制，以达到刑事诉讼法对案件办理

---

① 比如，若已有足够证据证明且嫌疑人自认其工厂由于生产工艺问题而在废水中排出了污染物，其所造成的损失业已达到了刑法规定的入罪条件，笔者认为即已经达到了我国《刑事诉讼法》规定的"定罪量刑的事实都有证据证明"的标准，即便无法彻底查清也无证据表明到底是生产流程中的哪个环节、哪种原因导致污染物进入了废水，并不影响对本案的定罪。

时限的要求。

(二) 污染环境犯罪因果关系证明标准的解释论基础

污染环境犯罪因果关系判定的证明标准问题基本上可以转化为刑事诉讼法上证据标准问题的讨论,关于此问题在我国存在客观真实论、法律真实论、相对真实论等多种理论,并在一定时期形成了争论。[①] 笔者认为,污染环境犯罪因果关系的判定应采相对真实论为宜,并依程序排除合理怀疑。

1. 法律真实论与污染环境犯罪认定

由于作为结果犯的污染环境犯罪的客观事实所涉细节颇多,从刑法评价的必要性与司法资源的有限性来看,在客观要素的认定上实无面面俱到和无任何细节遗漏之必要。前文中笔者已表明,对刑法评价而言,因果关系的掌握达到可靠即可。因此,在因果关系判定中采取无限接近客观真实的理论实无必要,尤其是对包括环境犯罪在内的新型犯罪的司法判定上。由此,在污染环境犯罪的因果关系证明标准上,还是以基本事实清楚基础上的法律真实论作为依托的相对真实论为主要解说较为妥当。

2. 相对真实论与污染环境犯罪认定

相对合理主义的理论虽然在刑事诉讼证明标准的讨论中受到客观真实论者的抨击,但笔者认为此种理论在处理环境污染犯罪这类技术背景复杂、证明难度大、刑事政策性较强的犯罪中还是具有较大合理性的。刑法规定的各类犯罪存在较大差异,尤其是环境犯罪、网络犯罪等新型犯罪与传统犯罪相比,其"罪行的严重程度不同,掌握证明

---

① 参见陈光中、陈海光、魏晓娜:《刑事证据制度与认识论——兼与误区论、法律真实论、相对真实论商榷》,载《中国法学》2001年第1期,第37—52页。

标准的宽严也可以有所区别"①,对此笔者是赞同的。传统的客观真实论在认定杀人、伤害、盗窃、抢劫这些案件中毫无疑问是适当的,且在无充足证据证明客观事实之下,不可妄自启动刑罚,毕竟刑罚是对自由乃至生命的剥夺,但若对环境犯罪、网络犯罪等技术复杂型犯罪,尤其是作为结果犯的环境犯罪,既然损害已经发生,在进行合理排除的基础上,若仍坚持客观真实论而要求对包括因果关系在内的客观要素进行全部还原,其结果只能是刑事政策与刑法目的的落空。

3. 排除合理怀疑原则与污染环境犯罪

排除合理怀疑原则是英美刑事程序法中的一项重要原则,被认为是相对真实论证明标准的法律表述。② 一般认为,排除合理怀疑就是要让证据达到如下标准:"它不必达到确定无疑,但必须具有高度的盖然性。排除合理怀疑的证明并不意味着排除任何疑点,如果法律因为一点离奇的可能性而扭曲了司法进程,它就难以保护社会。如果对被告人不利的证据是如此之强大,只留下了对他有利的一丝遥远的可能性……那么案件已获排除合理怀疑地证明"③。在污染环境犯罪的因果关系证明中,侦查机关通过对存疑证据的合理排除而作出的存疑不起诉决定,或者审判机关通过对辩护人或社会公众对案件因果关系所提出的合理怀疑的排除而作出的无罪或者罪轻的判决,在本质上是对由于在证明标准上采取相对真实论而可能带来的法律风险的程序控

---

① 龙宗智:《相对合理主义》,中国政法大学出版社1999年版,第440—441页。
② 参见陈光中、陈海光、魏晓娜:《刑事证据制度与认识论——兼与误区论、法律真实论、相对真实论商榷》,载《中国法学》2001年第1期,第45页。
③ David Byrne Q. C. and J. D. Heyon, Cross on Evidence, third Australian edition, Butterworths, 1986, p. 243. 转引自陈光中、陈海光、魏晓娜:《刑事证据制度与认识论——兼与误区论、法律真实论、相对真实论商榷》,载《中国法学》2001年第1期,第45页。

制，这种程序控制对污染环境罪这类具有复杂技术特点的犯罪的判定尤显重要。

第四节 污染环境犯罪因果关系判定的证明内容

在上文中，笔者已经表明，作为结果犯的污染环境犯罪所侵害的法益一般有财产法益、人身法益、秩序法益三类。上述法益侵害到何种程度可以构成污染环境罪中可以定罪的标准，2013年第15号司法解释已经言明。笔者认为，在污染环境犯罪因果关系的判定中，关于危害物质的查证尤其是危害物质与排放物质的同一性认定是关键环节，另外，还需对作为危害后果的所被侵害的法益与危害行为之间的关联性进行实质判定，并在此基础上对概括或推定的危害结果进行相应修正，修正后的危害结果方可纳入刑法考量。

（一）关于后果物质与行为物质的同一性认定

1. 对危害物质与污染物质进行同一性认定

由于作为结果犯的污染环境罪的司法判定需存在危害后果（人身伤害、财产损失）的核定，而造成该危害后果发生的危害物质的查证，以及该类物质是否为污染环境罪中所指的污染物质的判定即成为因果关系判定的第一步。由于《刑法》第338条所规定的污染环境罪中规制的物质为"有放射性的废物、含传染病病原体的废物、有毒物质或者其他有害物质"四类物质，因此首先必须确定涉案物质是否为上述四类物质。由于2013年第15号司法解释已经明确了"有放射性的废物""含传染病病原体的废物""有毒物质"这三类物质①的具体指代,所以如涉案物质乃上述三类物质,则可直接经物质类别鉴定后与法定目录进行比对而确定。

这里需特别注意的是对《刑法》第338条中"其他有害物质"的判定。2013年第15号司法解释并没有解释上述"其他有害物质"的范围,但第10条将"其他具有毒性,可能污染环境的物质"作为"有毒物质",并且在第1条第3项中将"非法排放含重金属、持久性有机污染物等严重危害环境、损害人体健康的污染物"超标三倍以上的行为在刑法上作了入罪处理,由此看来,2013年第15号司法解释对"其他有害物质"虽然没有具体明确,但给出了这些物质的特征,即"具有毒性而可能污染环境"或"严重危害环境"或"损害人体健康"。依据该司法解释,笔者认为,对造成了危害后果的非法定目录内的"其他有害物质"进行涉嫌污染环境罪调查时,需由司法机关证明其是否为符合上述特征的物质,完成上述确认即可认为达到了危害物质与污染物质的同一性认定。

2. 对造成危害的污染物质与排出物质进行同一性认定

这里所指的对造成危害的污染物质与排出物质的同一性认定,是指对确定具有危害的污染物质与污染环境行为者(企业或个人)排放、倾倒或非法处置的物质②进行的物质同一性认定。上述认定的基

---

① "有放射性的废物""含传染病病原体的废物"指代比较明确,国内相关机构可以出具物质鉴别证明,关于"有毒物质"在2013年第15号司法解释前无明确判定标准,但该司法解释较好地解决了这个问题,在其第10条中对其进行了明确。该条规定:"下列物质应当认定为'有毒物质':(一)危险废物,包括列入国家危险废物名录的废物,以及根据国家规定的危险废物鉴别标准和鉴别方法认定的具有危险特性的废物;(二)剧毒化学品、列入重点环境管理危险化学品名录的化学品,以及含有上述化学品的物质;(三)含有铅、汞、镉、铬等重金属的物质;(四)《关于持久性有机污染物的斯德哥尔摩公约》附件所列物质;(五)其他具有毒性,可能污染环境的物质。"

② 依据我国环境保护法律的相关规定,"排放"的对象主要是液态或气态的污染物质,"倾倒"的对象主要是固态或者液态的污染物质,"非法处置"的对象则为受国家法律管控的危险废物或者危险化学品等危险物质。

本逻辑是：某物质是造成危害的污染物质，这一物质是某个行为主体（企业或个人）排出的物质。对造成危害的污染物质是否为涉嫌主体的排出物质进行同一性比对是因果关系判定中物质同一性判定的关键环节。若查证的造成危害的污染物质为 A，而企业虽然排出的也是污染物质，但却为 B 物质，哪怕 B 物质也为应入罪的"有放射性的废物、含传染病病原体的废物、有毒物质或者其他有害物质"，也不能认定两者之间具有刑法上的因果关系，因为 B 物质虽然也污染环境，可能构成污染环境罪，但却不是 A 物质所引发的危害后果。

3. 对排出同类污染物的排污者的同一性进行合理区分

对造成危害后果的污染物质与排出的污染物质进行同一性认定后，将面临三种情形：第一，只有一个具有同一性的排出者；① 第二，有两个或者两个以上的具有同一性的排出者，但其造成危害后果的大小可以区分；第三，具有两个或者两个以上的具有同一性的排出者，但其造成危害后果的大小无法区分。第一种情形是较好处理的，可以作为具有刑法因果关系的唯一被评价主体。第二种情形相对来说也好处理，对虽具有物质同一性，但排出量所造成的后果显著低于司法解释规定标准的，应排除出刑法因果关系的候选主体。第三种情形在民法上的侵权责任赔偿上往往被判定为具有连带责任，但因刑法对因果关系判定的要求高于民法，笼统地将上述主体全部列为备选明显不妥。因此，笔者认为，可对每一涉案主体的单独排出量进行考量，若实际发生的单独排出量仍可能造成危害后果，则列入刑法评价的候选主体，若单独排出量不足以造成入罪的危害后果且无法区分在所涉危

---

① 例如，在造成危害后果的时间区间内某个区域仅有一家企业具有排放某类物质的可能，并从其排污口检测出了此类物质，则此类案件中的物质同一性较好地实现了认定。

害中的份额大小，则不应列入刑法因果关系评价的候选主体。①

（二）关于污染环境危害后果的修正性确认

1. 危害后果中造成财产损失数额的修正性确认

2013年第15号司法解释明确了可以入罪的危害后果中的财产价值标准为"致使公私财产损失三十万元以上的"，并在第9条将上述的"公私财产损失"解释为"污染环境行为直接造成的财产损毁、减少的实际价值，以及为防止污染扩大、消除污染而采取必要合理措施所产生的费用"。笔者认为，由于污染环境行为往往非为故意行为，污染行为者对作为财产损失的危害后果往往没有预见，因此在财产损失数量的核定上需与其污染行为的关联性进行修正性的确认。

上述几类财产损失数额的修正性确认需区别对待。在污染行为直接造成财产损毁方面，财产损失的数额与污染行为的关联性的判定难度较小。但是，为了防止污染扩大以及消除污染这两类行为的作出者往往是政府环境应急管理部门或其他受到环境污染威胁的主体，因此对这两类行为所产生的费用进行核定时，需判定上述两类行为是否"必要与合理"。对相关措施必要性及合理性的评估依据，主要是所采取的措施与污染行为的危险性在何种程度上具有技术上的相当性。② 应依据评估结果对损失数额进行修正，修正后的损失数额方可纳入刑法考量。③

---

① 但刑事责任的免除并不阻却其排放行为的行政违法性，也不阻却其民法上的违法性的因果关系判定。此类情形之下，排放企业往往需承担民法上的停止侵害、赔偿损失甚至恢复原状的责任。

② 例如，某河岸企业仅有少量危险物质排放，不足以造成下游养殖企业的鱼全部死亡，但下游企业为了防止污染，在未加论证的情况下，向河水里撒入大量解毒剂，花费颇巨，该费用即应进行缩小性修正后方可确定为财产损失的数额。

③ 此种修正应由侦查机关或公诉机关基于科学的评估而进行，修正后的数额仍达到入罪标准的可作为入罪依据。辩护人在庭审之中也可对被指控的数额提出关于所采取的措施是否必要且有证据证明的修正意见。下述人身伤害及社会秩序利益的侵害等危害后果的修正程序也可循此路径。

2. 危害后果中造成人身伤害损失的修正性确认

2013年第15号司法解释中关于人身伤害损失的入罪标准规定了三种情形，即致使三十人以上中毒的；致使三人以上轻伤、轻度残疾或者器官组织损伤导致一般功能障碍的；致使一人以上重伤、中度残疾或者器官组织损伤导致严重功能障碍的。上述三类人身伤害情形的结果认定较为客观，且不存在技术障碍，但伤害后果是否由污染行为所引起，即上述表述中"致使"的判定由谁作出、依据何种标准作出则没有规定。由于目前关于人身伤害的司法鉴定结论往往只是对伤害结果的认定，而无对原因的鉴定，因此仅以伤害结果是否达到标准来评价污染行为者是否入罪不符合客观事实。笔者认为，在司法实践中需对人身伤害的结果与污染环境的行为之间的关系进行关联性论证，并对伤害结果进行限制性修正确认后，方可谨慎判定是否达到入罪标准。

3. 危害后果中造成社会秩序破坏的修正性确认

关于污染环境行为引起的社会秩序的破坏，2013年第15号司法解释中主要规定了饮用水水源取水中断这一指标。按照司法解释的入罪标准，涉案行为致使乡镇以上集中式饮用水水源取水中断12小时即可入罪，而县级以上城区集中式饮用水水源取水中断12个小时即认定为"后果特别严重"。然中断取水有无必要由哪个主体判断？应符合何种标准？中断取水前是否应作相应评估？笔者以为，在当前我国的实践中，中断取水行为在本质上是法律上的单方行为，即由自来水厂依据取水口的水质自主决定是否持续取水或者中断取水。基于公共利益的考量，自来水厂在中断取水上似乎并无知会上游排污企业之必要，但在事后对污染物进行追踪与调查过程中，对中断取水有无必要及中断取水的时间等应与排污行为之间的关联性、必要性进行修正性确认之后，方可将危害后果引入污染环境犯罪的入罪判断之中。①

第五节　污染环境犯罪因果关系判定的证明形式

污染环境犯罪因果关系判定的证明形式是指采取何种方式、何类证据可以实现对污染环境犯罪因果关系的判定。笔者认为，在传统的证明方式与证据形式之外，污染环境犯罪因果关系的证明中应高度重视环境影响评价文件的证明功能以及鉴定结论、专家意见等专业性意见的证明力，并实现它们的证据转化。

（一）环境影响评价文件的证明功能及其证据转化

1. 环境影响评价文件对企业环境行为具有约束力

环境影响评价文件是建设项目接受环境影响评价及相关行政审批文件的总称，主要包括环境影响评价机构所作的关于建设项目环境影响的评价报告、环境保护行政管理机关对上述报告的批复决定、建设竣工后环境保护行政管理机关的验收意见等。环境影响评价文件尤其是建设项目的环境影响评价报告是约束与规范企业环境行为的法文本基础。对于具有污染的建设项目尤其是工业建设项目，必须进行环境影响评价。通过了环境影响评价，并按照环境影响评价文件的要求在工业设计中建设了处理污染或者减少污染的设施的工业建设项目，方有可能获得计划管理部门允许开工建设的行政许可。一言以蔽之，具

---

① 关于取水中断的修正性确认，实际上存在如下情形：（1）无中断之必要但实际中断；（2）无中断12小时之必要但中断12小时以上；（3）有中断之必要但没有中断；（4）有中断12小时以上之必要但没有中断12小时以上。笔者认为，上述第3、4类情形之下也应认为污染行为造成了符合入罪标准的危害后果，纳入刑法评价。即"是否中断取水及中断取水的时间长短"是环境是否受到了污染及污染到何种程度的表征之一，无此表征但经事后论证具备环境污染的后果的，仍应纳入刑法评价。

有污染的工业建设项目能够开工建设是在环境影响评价文件的约束下进行的,所以企业在建设与运行过程中的环境行为(内部环境管理、污染物处理与排放等)应受环境影响评价文件的约束,即环境影响评价文件是对企业有约束力的法律文件。

2. 违反环境影响评价文件的行为是环境违法行为

按照我国环境法所确立的"三同时制度"[①],企业在运行过程中,防治污染的设施要具备运行效果,以实现污染控制的目的。违反环境影响评价文件的要求,降低自身污染防治效果的作为或不作为行为在本质上都是违反《中华人民共和国环境保护法》(以下简称《环境保护法》)与《中华人民共和国环境影响评价法》(以下简称《环境影响评价法》)的环境违法行为。[②] 在刑法评价中,上述法律的规定将实现与《刑法》第338条条文表述中的"违反国家规定"的连接,成为刑法评价的法源。从行为评价的角度而言,上述环境违法行为若符合《刑法》第338条规定的行为特征并产生刑法规定的后果,将会按照污染环境罪进行是否构成犯罪的判定。概而言之,违反环境影响评价文件载明的污染防治与处理方法,在企业运行中排放、倾倒、非法处置污染物的行为就是《刑法》第338条规定的"违反国家规定"且"非法"的行为,因此环境影响评价文件是对企业环境行为是否违法进行判定的重要依据。

3. 环境影响评价文件作为污染环境罪证据的转化

上文已经表明,环境影响评价文件是对企业环境行为具有约束力的法律文件,也是对企业环境行为是否违法进行判断的对照依据,因

---

① "三同时制度"是指污染防治的设施应与主体工程同时设计、同时施工、同时投入使用。

② 我国《环境保护法》规定了企业在排放污染物时应按照法律的相关规定接受浓度与总量的双重控制,《环境影响评价法》则对没有依法进行环境影响评价的行为的法律责任作出了明确规定。

此其在污染环境犯罪客观要素的判断方面具有重要意义。建设项目在设计、投产过程中的环境影响评价文件在涉嫌污染环境犯罪调查过程中如何作为证据以及转化为何种类型的证据,目前并无讨论。笔者接触到的案例表明,目前在涉嫌污染环境犯罪的调查中,公安机关往往没有将企业的环境影响评价文件作为证据进行收集,行政机关在移送涉嫌污染环境犯罪的案件时也没有对企业是否违反环境影响评价文件的情况进行说明,也很少将环境影响评价文件作为证据附卷。基于包括因果关系在内的客观要素判断的需要,涉嫌污染环境罪的案件在审查起诉阶段,往往需补充上述文件作为补强证据。笔者认为,在对当初作为建设项目立项审批的企业涉嫌污染环境罪的调查中,应将环境影响评价文件作为最重要书证之一,由侦查机关将其作为证据进行收集,并在起诉意见书、起诉决定书中记载涉嫌企业对环境影响评价文件的违反状况,增强对涉嫌行为客观要素的证明能力。

(二) 专业性意见的证明力及其证据转化

1. 污染原因的鉴定意见在污染环境犯罪判定中尚无适用

鉴定意见是我国刑事诉讼法载明的法定证据形式之一,其证明力得到我国刑事诉讼法认可。关于人身伤害程度、财产损害程度及痕迹、指纹等诉讼证据形成过程中的鉴定规程及鉴定意见的使用等在我国刑事诉讼中已颇为常见,其对认定案件事实的证明力亦得到法律认可。笔者认为,在污染环境类案件的客观要素判定中上述常规鉴定类型亦可使用,尤其是财产损失与人身伤害等的鉴定,但关于污染环境行为与危害结果之间因果关系的鉴定即环境污染的原因鉴定,并没有如人身伤害中的死亡原因的鉴定一样进入司法实践。

我国目前尚无对污染原因进行鉴定的专门机构,国家也尚未将该类鉴定设置为国家许可的鉴定项目。当前尚无机构具有出具污染原因鉴定意见的资质,司法实践中也没有采用鉴定机构出具的污染原因的鉴定意见作为污染环境案件因果关系证明有效证据的先例。笔者认为，鉴定并非公证，不是对客观事实的完全确证与还原，其在本质上是一种专业性意见，在实践中可以与其他证据相结合，从而实现对因果关系的判定等污染环境犯罪客观要素的查证。从技术层面讲，污染原因的鉴定虽非完全可靠，但却完全可行。我国应鼓励具有相关技术条件与能力的机构获得污染原因的鉴定资质，鼓励这些机构依法从事环境污染的原因鉴定，出具相关鉴定报告，表明专业意见，助力环境司法。

2. 专家意见在污染环境犯罪判定中的证据位阶应予提高

在无机构出具污染原因的鉴定意见的情形下，专家意见对于污染环境罪的判定尤为重要。虽然从形式逻辑上理解，专家意见应作为上文中提及的并被刑事诉讼法认可的鉴定意见范畴，但由于司法实践中往往将鉴定意见理解为由具有资质的机构出具的鉴定报告，因此在实践中并没有将专家个人出具的意见与机构出具的鉴定报告作为同等位阶的证据而采信，可见专家意见在我国司法实践中并非独立的证据形式且位阶较低。目前在环境刑事司法实践中，也有专家出具相关的意见，但公诉机关在证据目录中仅将其作为证人证言而附卷，法庭审理过程中往往需要专家出庭再次重申其意见并与辩护人进行辩论后，其意见方可能被法院最终作为客观要素考量的依据。

笔者认为，在环境污染犯罪案件司法判定过程中，专家意见仅作为证人证言的证据位阶不利于案件的办理与刑事司法目的。由于证人证言的取得过程，于侦查机关而言即是通过对专家进行询问，获得询问笔录的过程，这种方式使得专家认为表达意见主要是在履行刑事诉讼法上的配合侦查的公民义务，而非作为行业专家在独立地表达专业性意见，其个体尊荣感在这种方式中较难实现，因此在司法实践中，专家参与环境污染类案件调查并发表意见的积极性并不高。笔者认为，应改变将专家意见仅作为证人证言的现状，而应将其纳入鉴定意见范畴，使其成为鉴定意见之一种，提高其证据位阶。在专家意见的取得方式上应采取侦查机关有偿委托的方式，由一名专家或多名专家联合出具与所鉴别事项相关的书面报告，在报告中载明证明方法、证明依据等论证过程并在附件中载明专家具有相关能力的证明文件。

  污染环境犯罪因果关系的判定之所以成为刑事司法难题，在本质上是技术性问题面对刑事政策需要时，是否对原有判定路径固守或发展的路径选择问题。若固守污染环境行为侵害的客体为人身法益、财产法益，则可能会将其理解为传统犯罪的特殊形态而选择原有判定路径，因果关系不确定的问题就会成为困扰入罪的拦路之虎。在生态文明建设业已纳入社会整体价值的背景下，刑法与刑事司法的价值与目的也应有生态主义朝向，对刑法进行严格适用的单一价值应调整为刑法严格适用与用刑法手段有效惩治环境污染的双重价值。在环境刑事司法过程中，以上述双重价值为指引，对污染环境犯罪的因果关系的证成机制进行适度调校，建立与环境污染案件特点相适应的证明标准、创立多元化的证明方式并对证明内容进行适度调整，是增强我国环境刑事司法效能的必经之路与必修之课。

第 五 章
污染环境罪司法证明论[*]

2013年第15号司法解释于2013年6月公布并施行以来，外界普遍预测，该解释所确立的《刑法》第338条污染环境罪的入罪标准比《刑法修正案（八）》颁行之前的重大环境污染事故罪有了显著降低，污染环境行为的入罪数量将在我国大量增加。然而，笔者初步研究后发现：各地进入法院审理的污染环境类案件数量并没有出现"井喷式"的快速增长，且在全国范围内呈现出较大的不均衡分布。本章将以此现象为切入点，从个案刑事司法运行的角度，谈谈当前我国污染环境罪司法判定过程中可能存在的相关制约因素及其破除问题，以期对我国的生态文明法治建设有所裨益。

---

[*] 本章主体内容以《实体法与程序法双重约束下的污染环境罪司法证明——以2013年第15号司法解释的司法实践为切入》发表于《政治与法律》2015年第7期。本章中所引《刑法》第338条为《刑法修正案（八）》公布后的内容，而非现行《刑法》规定。第338条后又被2020年12月26日公布的《中华人民共和国刑法修正案（十一）》［以下简称《刑法修正案（十一）》］再次修正。

第一节　司法解释颁行以来污染环境罪的司法证明仍然具有一定难度

自 1997 年《刑法》第 338 条设置重大环境污染事故罪以来，我国对环境污染领域采取入刑、入罪政策已逾 20 年。然有研究成果表明，在 2011 年《刑法修正案（八）》之前，我国刑事司法领域鲜有依据《刑法》第 338 条所作出的刑事判决。[①] 2011 年《刑法修正案（八）》施行以来，虽然确立了污染环境罪的罪名，但因判定标准不明，各地的刑事判决数量并没有显著上升。

（一）司法解释颁行以来污染环境行为入罪问题呈现出的基本特点

2013 年第 15 号司法解释解决了司法实务中污染环境罪入罪标准的设置问题，其颁行对我国环境刑事司法工作具有重要意义。上述司法解释颁布以来，多地出现了依据《刑法》第 338 条所作出的刑事判决，[②] 使得《刑法》第 338 条从传统意义上的"空置"逐渐转变为有效条款，刑法手段在惩治严重污染环境行为中得到了积极发挥，在我国生态文明法治建设中具有重要意义。

然而，在利用刑法手段惩治污染环境行为产生积极效果的同时，我们也要注意到下列两个问题：第一，东中西部地区环境刑事司法的差异性较大。东部地区如江苏、浙江、山东等地，自 2013 年第 15 号司法解释颁行以来，都有相当数量的依据上述司法解释而进行的刑事判决，与以前相比有较大改观，而中西部地区的刑事判决数量并没有

[①] 参见焦艳鹏：《我国环境污染刑事判决阙如的成因与反思——基于相关资料的统计分析》，载《法学》2013 年第 6 期。

[②] 此观点可依据新闻媒体的公开报道及在中国裁判文书网进行检索而得到印证。

显著上升。① 第二，污染环境行为进入法院审判阶段的比重持续偏低。非法排放、倾倒、处置污染环境物质的行为在我国的大量存在已是不争事实，环境保护行政机关每年也据此作出大量行政处罚，然而相关资料表明，公安机关侦办的污染环境刑事案件数量、检察机关提起公诉的污染环境刑事案件数量、法院审理的污染环境刑事案件的数量三者呈现较为明显的逐级递减，② 大量的污染环境行为并没有进入法院审判阶段。

（二）"证明难"在污染环境行为难以入罪方面依然是主要原因

大量涉嫌污染环境犯罪的行为最终并没有进入法院审判阶段的现实使我们不得不思考：为什么公安机关按照涉嫌污染环境罪进行刑事侦查的案件到最后并不能进入法院审理？环境保护行政机关、公安机关、检察机关等环境刑事司法过程的参与主体有何困难？利用刑法手段惩治污染环境行为的刑事政策到底能否有效实现？

1. 环保机关的"证明难"，导致行政执法移送刑事侦查案件的数量有限

依据我国刑事诉讼法及相关法规，行政机关在行政执法过程中发现涉嫌犯罪行为的需将该案件移交侦查机关进行刑事侦查。国家环境保护总局、公安部、最高人民检察院2007年曾下发《关于环境保护行政主管部门移送涉嫌环境犯罪案件的若干规定》，应该说相关的制

---

① 如广西壮族自治区南宁市直到2015年方有了相关的刑事判决。参见冯晓华、彭威：《我市首例环境污染入刑案宣判》，载《南宁日报》2015年5月25日。
② 这里需要说明的是，就某一地区或某一类型的刑事案件而言，公安机关侦办的数量、检察机关提起公诉的数量、法院审理的数量三者呈现出逐级递减是法治的正常状态，也是刑事程序法的价值体现。在承认上述基本事实的基础上，还需注意，案件数量逐级递减的程度在个罪或者类罪上呈现出较大的差异并受到刑事政策等因素的影响。就本章而言，在刑事政策指向性明显即运用刑法手段惩治污染环境犯罪的刑事政策业已确定的情形下，刑事案件数量仍然呈现出显著的逐级递减，其原因实有探究之必要。

度还是比较健全的,但由于移送的前提是对涉嫌犯罪之"涉嫌"进行实质判定,具体而言,即为:县级以上环境保护行政主管部门在依法查处环境违法行为过程中,"发现违法事实涉及的公私财产损失数额、人身伤亡和危害人体健康的后果、走私废物的数量、造成环境破坏的后果及其他违法情节等,涉嫌构成犯罪,依法需要追究刑事责任的,应当依法向公安机关移送"①。上述移送条件在现实中除了对后果性标准的掌握外,尚需对环境违法行为与后果之间的关联等进行整体性思考,而这对于基层环境行政管理机关而言,显然是具有相当难度的。

2. 公安机关的"证明难",导致刑事侦查终结移送公诉的案件数量有限

公安机关对环境行政管理机关移送的涉嫌环境犯罪的案件或者群众举报的涉嫌环境犯罪案件的立案与侦查亦存在证明难的问题。由于刑事诉讼法规定的立案侦查的实质性条件为"认为有犯罪事实需要追究刑事责任的时候,应当立案",侦查机关需在对犯罪事实进行调查的事实判断与是否需要承担刑事责任的价值判断的双重判断作出之后,方能决定应否立案。一个不容忽视的事实是,具有技术特征的污染环境类案件中事实查证的难度较其他案件更大,这种难度最终在形式上表现为证据形成上的困难,而这客观上导致公安机关能够侦查终结移送检察院审查起诉的案件数量比较有限。

3. 检察机关的"证明难",导致刑事检察终结提起公诉的案件数量有限

检察机关的审查起诉是污染环境案件进入法院审判阶段的必经阶段,然而检察机关在审查起诉阶段所掌握的"犯罪事实已经查清,证据确实、充分,依法应当追究刑事责任"的公诉标准需转化为相应的证明标准。与传统案件相比,在污染环境这类具有较高技术性特征的

---

① 本书编写组编:《环境保护常用法规手册》,法律出版社2009年版,第976页。

案件中,基层检察机关能够做到上述公诉标准已经完全达到"内心确认"是具有相当难度的。基于此,当检察机关审查公安机关移送的涉嫌污染环境罪的案卷后,认为犯罪事实并没有"查清",证据并不"确实、充分"的情形下,检察机关往往按照办理其他案件的证据标准,将案件退回要求公安机关补充侦查,或者以"事实不清、证据不足"而作出不起诉之决定,因此涉嫌犯罪的污染环境案件往往止步于检察机关,而无法进入法院审判阶段。

第二节 污染环境罪的司法证明受到实体法与程序法的双重约束

从以上分析可知,涉嫌犯罪的污染环境行为的查证及刑事司法过程中的证明难等因素,导致进入法院审判阶段的案件的比例较小。笔者以为,出现此种状况,与污染环境罪在司法证明过程中实际上不仅受到作为实体法的刑法的约束,而且受到作为程序法的刑事诉讼法尤其是其证明标准的制约具有直接关联。

(一)刑法及其司法解释确立了污染环境罪的实质判定标准

污染环境罪作为《刑法》分则第六章第六节破坏环境资源保护罪的典型罪名,是我国刑法对污染环境行为采取入刑入罪刑事政策的核心法条。《刑法》第338条及2013年第15号司法解释构成了我国污染环境罪司法判定的实体法依据,也设置了污染环境罪判定的实质标准。

1.《刑法》第338条确定了污染环境罪的行为标准

我国《刑法》第338条规定:"违反国家规定,排放、倾倒或者处置有放射性的废物、含传染病病原体的废物、有毒物质或者其他有害物质,严重污染环境的,处三年以下有期徒刑或者拘役,并处或者单处罚金;后果特别严重的,处三年以上七年以下有期徒刑,并处罚金"。依据形式逻辑,上述法条可归纳为:实施污染行为,具有某种情形,是刑法当罚之行为。上述法条表明《刑法》第338条规制的是"违反国家规定,排放、倾倒或者处置有放射性的废物、含传染病病原体的废物、有毒物质或者其他有害物质,严重污染环境的"行为。从定性的角度而言,这里的"行为"需具备三个方面的特征,即:(1)是违反国家规定的行为;(2)是排放、倾倒或者处置具有污染或污染危险的物质(有放射性的废物、含传染病病原体的废物、有毒物质或者其他有害物质)的行为;(3)是严重污染环境的行为。上述三个行为特征缺一不可,且互为关联,共同构成污染环境罪的行为标准。关于上述标准,在司法实践中存在一些争议,笔者就此谈谈自己的看法。

第一,关于排放、倾倒或者处置行为是否与特定物质对应的问题。《中华人民共和国水污染防治法》《中华人民共和国大气污染防治法》中并没有对"排放"与"倾倒"进行专门界定,因此对这两类行为可以以环境管理实践并结合大众认知进行确定。一般认为,"排放"的对象是液态或气态的污染物质,"倾倒"的对象是固态或液态的污染物质。关于"处置",《中华人民共和国固体废物污染环境防治法》(以下简称《固体废物污染环境防治法》)第124条第9项进行了明确,即:"处置,是指将固体废物焚烧和用其他改变固体废物的物理、化学、生物特性的方法,达到减少已产生的固体废物数量、缩小固体废物体积、减少或者消除其危险成分的活动,或者将固体废物最终置于符合环境保护规定要求的填埋场的活动。"依据上述法律,"处置"的对象为"固体废物"[①],而固体废物又具体包括工业固体废物、生活

[①] 《固体废物污染环境防治法》第124条第1项对"固体废物"亦作了明确规定,即:"固体废物,是指在生产、生活和其他活动中产生的丧失原有利用价值或者虽未丧失利用价值但被抛弃或者放弃的固态、半固态和置于容器中的气态的物品、物质以及法律、行政法规规定纳入固体废物管理的物品、物质。"

垃圾、危险废物三类。笔者认为，若上述"排放""倾倒"或者"处置"的物质是或者包含有《刑法》第338条规制的"有放射性的废物、含传染病病原体的废物、有毒物质或者其他有害物质"，则皆可纳入行为标准的考量。

第二，关于"违反国家规定"是否为必备要件及其范围界定的问题。《刑法》第338条在罪状描述上以"违反国家规定"为起始，表明污染环境可能入罪的行为首先是"违反国家规定"的行为，是必备要件，或者逻辑学上的"必要条件"，不满足此项条件即不是《刑法》第338条规制的行为。这里的"违反国家规定"应指国家关于环境管理与污染防治方面的法律、法规、部门规章等行政法意义上的法律文本，也即在污染环境罪的判定上需引入行政法律文本。依现代法治精神，行政法上不认为是违法的行为，是不存在犯罪评价的逻辑可能的，或者说行政法上不罚的行为刑法也不应处罚。从法网严密的角度而言，造成刑法上后果的行为不是行政违法行为的可能性也是非常之小的。依上述论理，实践中若有个别行为满足上述污染环境罪的行为标准的其他所有特征，但唯独找不到"违反国家规定"的对照文本时，该行为应排除出犯罪评价，作为不符合"行为标准"之情形对待之。

2. 2013年第15号司法解释明确了污染环境罪的结果标准

关于《刑法》第338条中的"严重污染环境"在司法实践中作何理解，曾有过两年多的争论。自2013年第15号司法解释颁行以来，"严重污染环境"的具体情形得到了明确。[①] 有论者认为司法解释中设置的诸种情形既有结果犯，又有行为犯，并进一步认为司法解释第1

---

① 即2013年第15号司法解释第1条规定的诸种情形。

第五章
污染环境罪司法证明论

条确立的前五种情形①为行为犯，后八种情形（不包括最后一项兜底性条款）②为结果犯，对此笔者认为是有欠深入考虑的，包括人身法益、财产法益损害标准在内的后八种情形，显然是结果情形，但对于前五种情形是否为行为犯，笔者认为还是值得再讨论的。

污染环境罪之行为在本质上是"排放、倾倒或者处置"特定的几类物质的行为。"排放、倾倒或者处置"是刑法规制的行为，在特定区域（生态敏感区）从事上述行为或者从事上述行为达到了一定的数量标准（危险废物三吨以上、浓度标准超标三倍以上的）是上述"排放、倾倒或者处置"行为的具体形态之一，在这种形态之下，刑法认为达到了对环境具有污染危险的具体可能，是刑法可罚的行为。也正是在这个意义上，日本学者认为，刑法中的结果不仅包括对法益的侵害也包括对法益侵害的危险。③ 经典刑法学教科书往往将"危险"作为结果犯中的特殊情形来讨论，④ 并认为"侵害法益的危险只要达到

---

① 即："（一）在饮用水水源一级保护区、自然保护区核心区排放、倾倒、处置有放射性的废物、含传染病病原体的废物、有毒物质的；（二）非法排放、倾倒、处置危险废物三吨以上的；（三）非法排放含重金属、持久性有机污染物等严重危害环境、损害人体健康的污染物超过国家污染物排放标准或者省、自治区、直辖市人民政府根据法律授权制定的污染物排放标准三倍以上的；（四）私设暗管或者利用渗井、渗坑、裂隙、溶洞等排放、倾倒、处置有放射性的废物、含传染病病原体的废物、有毒物质的；（五）两年内曾因违反国家规定，排放、倾倒、处置有放射性的废物、含传染病病原体的废物、有毒物质受过两次以上行政处罚，又实施前列行为的。"

② 即："（六）致使乡镇以上集中式饮用水水源取水中断十二小时以上的；（七）致使基本农田、防护林地、特种用途林地五亩以上，其他农用地十亩以上，其他土地二十亩以上基本功能丧失或者遭受永久性破坏的；（八）致使森林或者其他林木死亡五十立方米以上，或者幼树死亡二千五百株以上的；（九）致使公私财产损失三十万元以上的；（十）致使疏散、转移群众五千人以上的；（十一）致使三十人以上中毒的；（十二）致使三人以上轻伤、轻度残疾或者器官组织损伤导致一般功能障碍的；（十三）致使一人以上重伤、中度残疾或者器官组织损伤导致严重功能障碍的。"

③ 参见〔日〕平野龙一：《刑法总论Ⅰ》，有斐阁1972年版，第118页。

④ 参见张明楷：《刑法学》（第三版），法律出版社2007年版，第153页。

了抽象程度"即可规定为犯罪,其刑事立法逻辑是"将在社会一般观念上认为具有侵害法益危险的行为类型化之后所规定为犯罪"①,因此笔者认为,2013 年第 15 号司法解释第 1 条第 1—5 项所确立的情形的意义在于,通过司法解释确立了五种类型化的污染环境罪的抽象危险犯的具体形态,通过"三吨""三倍""三次"等数量作为抽象危险结果的标准,来实现对基层司法工作人员对"严重污染环境"的危险性结果的较为明确的指导。

(二)污染环境罪的证明受到刑事诉讼法所确立的相关标准的约束

刑事司法是在程序法律制约下的法律实践活动,环境刑事司法也不例外。广义而言,刑事司法活动的参与者包括公安机关、检察机关、审判机关以及犯罪嫌疑人及其辩护人等多元主体,但由于刑事司法过程中的证明责任主要在检察机关,②因此检察机关对证明标准的掌握将直接影响污染环境罪的入罪问题。

1. 移送标准的掌握对污染环境罪判定的约束

我国《刑事诉讼法》第 162 条对公安机关将刑事案件侦查终结后移送检察机关进行审查的标准进行了基本界定,即"应当做到犯罪事实清楚,证据确实、充分"。上述案件移送标准自然也适用于涉嫌污染环境罪的刑事案件的移送。虽然移送标准主要由公安机关掌握,但案件若达不到移送标准而被移送,则有可能面临检察机关将案件退回要求补充侦查或作出不起诉决定而终结案件的情形,因此案件的移送标准事实上对污染环境罪的判定形成程序性约束。而对于污染环境犯罪中"犯罪事实清楚,证据确实、充分"在个案中应达到何种程度,

---

① 黎宏:《刑法学》,法律出版社 2012 年版,第 92 页。
② 我国《刑事诉讼法》第 51 条规定:"公诉案件中被告人有罪的举证责任由人民检察院承担,自诉案件中被告人有罪的举证责任由自诉人承担。"

公安机关与检察机关的认知并不完全一致。

2. 逮捕标准的掌握对污染环境罪判定的约束

环境刑事司法过程中亦涉及是否要对犯罪嫌疑人进行逮捕以及在何种情形下进行逮捕的判定问题。由于我国《刑事诉讼法》对逮捕的条件有明确规定,① 对污染环境罪而言,"有证据证明有犯罪事实,可能判处徒刑以上刑罚"的犯罪嫌疑人或被告人在具有法定的社会危险性的条件下应当予以逮捕。上述社会危险性在涉嫌污染环境行为中主要有"可能毁灭、伪造证据,干扰证人作证或者串供的"、"可能对被害人、举报人、控告人实施打击报复的"、"企图自杀或者逃跑的"这三类情形。由于上述"有证据证明有犯罪事实,可能判处徒刑以上刑罚"的判定涉及对污染环境罪的实质判定,因此司法实践中对其具体掌握也将构成对污染环境罪判定的约束。

3. 公诉标准的掌握对污染环境罪判定的约束

由于刑事诉讼法将检察院向法院提起公诉的条件设置为"犯罪嫌疑人的犯罪事实已经查清,证据确实、充分,依法应当追究刑事责任",因此在环境刑事司法过程中,上述标准将会对污染环境罪的判定产生实质性约束,若证据达不到"确实、充分",则不可以认为"犯罪事实已经查清",若向法院提起公诉,则可能面临法院未来在判决中作出"证据不足,不能认定被告人有罪"的无罪判决。由于目前各地司法机关往往存在考核制度,被法院认定为无罪的刑事指控于检察机关而言则可能构成"错案"而对办案人员产生负面评价,因此检察机关往往会谨慎地对待公诉标准,公诉标准也转化为对污染环境罪判定产生重要影响的程序性标准。

---

① 参见《刑事诉讼法》第81条。

(三) 污染环境罪司法判定应坚持的价值理念

上文分析表明，污染环境罪的司法判定受到来自实体法与程序法两个方面的约束。惩罚犯罪与保障人权是刑法及刑事司法所追求的价值，在污染环境罪司法判定中也应秉持上述价值，并对其进行适当协调。

1. 运用刑法手段打击污染环境行为的刑事政策需得到贯彻

当前我国生态环境形势严峻，基本环境质量已成为人民群众的基本需求，也已成为政府应提供的公共产品。在环境行政管理效果不能得到有效提升的背景下，必须高度重视刑法手段在惩治环境污染方面的功能与作用。从上述意义而言，《刑法》第338条所确定的污染环境罪在司法实践中必须有一批典型案例且在一定区域内要有一定数量的既判案件，然后借助新闻媒体等的力量，尽快建立起"污染环境需要承担责任，严重污染环境需要承担刑事责任"，"污染环境不仅要'罚票子'，还要'蹲号子'"的社会舆论，逐步建立起污染环境行为人的罪感与恶感。因此，运用刑法手段打击污染环境行为的刑事政策在当前的刑事司法活动中必须得到体现，对污染环境行为的高压态势在短期内不应改变。

2. 严格适用刑法与刑事诉讼法的原则需在个案中得到坚守

个案的司法是按照实体法与程序法所确立的标准而有序进行的活动。于司法官而言，刑事政策是蕴含在法律文本之中的，对法律文本的坚守就是对刑事法治的坚守，因此在污染环境罪的个案判定中，应坚持严格适用刑法与刑事诉讼法的相关规定。对刑法的严格适用就是要按照《刑法》第338条所确立的罪状形态考量个案与上述条文的匹配性。在对照路径上，应依据2013年第15号司法解释所确立的入罪标准进行比对，明确个案案情与上述入罪标准相对应的部分。对刑事诉讼法的严格遵守就在于，对上述实体法所确立的入罪标准与个案的案情之间的匹配点，要做到有相应的证据证明，且"证据确实、充分"。关于污染环境罪的证明中如何做到"证据确实、充分"笔者将在下文中进行讨论。

第三节　污染环境罪司法证明中的
事实认定及其证据化

上文已经表明，污染环境罪的入罪标准需实现向证据标准的转化，且达到刑事诉讼法的证明标准后方能完成公诉审查进入法院审理阶段。《刑事诉讼法》第55条确立了刑事诉讼的证明标准，即"证据确实、充分"，并进一步解释"证据确实、充分"是指"定罪量刑的事实都有证据证明；据以定案的证据均经过法定程序查证属实；综合全案证据，对所认定的事实已排除合理怀疑"。上述证据标准又可区分为事实认定的证据化与对相关证据证明能力的程序控制两个部分，下文笔者就其在污染环境罪判定中的运用作相关分析。

（一）与污染环境罪之"定罪"紧密关联之事实及其证明

刑事诉讼法中所规定的定罪量刑的事实应是指与定罪量刑有关的各项要素。此处之"事实"不仅包括犯罪的客观要素，亦应包括犯罪的主观要素。无论客观要素还是主观要素都是犯罪判定所需考量的要素，因此此处之"事实"实质是指与犯罪判断有关的犯罪构成要素。对刑事司法而言，对"事实"认定时与"事实"存在时已不属于同一时空，因此刑事司法过程中的事实认定在本质上是一种对事实的推定。刑事诉讼法中所言之"事实"在时空观上应指经法官推定认可后的还原性事实。这种还原具有主观因素且遵循自由心证逻辑，因此唯有相关的载体进行证明方可最大限度上实现控辩双方对其的认可，此种载体即为刑事诉讼法所言之证据。然而，因司法成本或关联性及必要性之考虑，在事实推定过程中，只需对与定罪量刑有关的事实行查清之必要与证据之提供即可，这也正是污染环境罪作为复杂型犯罪之侦查与证明需注意之处。循此理念，我们可对污染环境罪之定罪与量刑相关的需提供证据证明的事实分别叙述之。

1. 污染环境罪定罪的主客观要素定位

第一，关于主观方面。污染环境罪的主观方面一般认为是过失，即相关主体对"排放、倾倒或者处置"相关物质造成生态环境受到污染或者污染危险的结果在主观上是有一定的认知的，但对这种结果采取了放任的态度。如果行为者被他人雇用，从事了相关的"排放、倾倒或者处置"行为，有证据表明其对上述行为造成生态环境的侵害或者威胁完全没有认知，则不应认定其构成污染环境罪。

第二，关于客观方面。犯罪构成考量的客观方面，一般应考量如下三个要素，即：行为是否为刑法所规制的行为、结果是否为刑法规制的结果、行为与结果之间是否具有刑法上的因果关系。关于行为是否为刑法所规制的行为，可先采外观主义，依据《刑法》第338条所确立的罪状，与涉嫌行为进行比对，尤其是对"排放、倾倒或者处置"的行为进行外观确认，然后对上述行为所涉及的污染物质与《刑法》第338条所确立的管制物质进行比对。关于结果是否为刑法所规制的结果，要以2013年第15号司法解释为对照文本，严格考察个案中是否存在上述司法解释第1条规制的前五类危险结果或者后八类实害结果，并考察是否存在两类或者两类以上的结果。关于行为与结果之间因果关系的判定，应按照同一律，通过相关证据对其进行证实的确认性判断或者证伪的排除性判断。

与污染环境罪定罪有关的事实的证明，需在刑事司法过程中实现证据化。关于嫌疑人的主观方面，司法实践中往往通过嫌疑人供述和辩解及有关证人的证言来推定。而关于入罪考量中的客观方面,则需从行为、结果、因果关系三个方面实现证据转化,下面分别叙之。

2. 关于污染环境罪之"行为"事实及其证据化

于行为而言,需以犯罪嫌疑人的供述和辩解、证人证言、勘验或检查笔录等证据形式实现对"排放、倾倒或者处置"行为的确认。这里特别提一下关于"私设暗管或者利用渗井、渗坑、裂隙、溶洞等"的认定问题。由于上述几类排污形式各具特征,因此司法实务中对其具体指向的认识存在较大差异。笔者认为,"暗管"之"暗"并非只有排污者自己知道,而应指为逃避环保机关的监管而设置的供排污使用的管道,只要不在环保机关监管之列的管道皆为"暗管"。"渗井、渗坑、裂隙、溶洞"在各地的表现形式差异较大,在司法实务中不应简单以外观论处,只要是利用了挖设的井坑或者自然体,向土壤层或者地下水排放刑法所规制物质的行为,皆应属于污染环境罪所指之行为。上述几类排污形式的确认可在环境保护行政机关出具的意见书作为书证的基础上,辅以勘验或者检查所形成的笔录或者照片、录像等视听资料而形成证据。

3. 关于污染环境罪之"结果"事实及其证据化

对于污染环境罪的结果而言,其证据形式依据实害结果或者危险性结果而有差异:重金属含量超标3倍以上的需要检测报告并得到相关机构的认可书,危险废物在3吨以上的数量需要相关计量单位的计量报告,而饮用水水源一级保护区、自然保护区核心区等特殊区域的认定也需要具有资质的机构的确认书,两年内受过两次以上行政处罚则需提供行政处罚的决定书。前述证据皆应以书证形式附卷。关于人身伤害的损失可以通过相关机构出具的鉴定报告以鉴定意见的形式入卷,关于公私财产损失的数额则应以有资质的评估机构出具的评估报告作为书证而入卷。这里需要说明的是,评估报告与鉴定报告具有不同的证明力,也是不同类型的证据形式。目前污染环境行为所造成的财产损失的评估尚无权威指标与方法,不同的评估机构出具的评估报告可能具有差异,在后续的法庭审理中,尚可能受到辩方的质证,因此以书证形式入卷较为妥当。2013年第15号司法解释第1条第7项中关于基本农田、防护林地、特种用途林地等的基本功能丧失或者遭受永久性破坏,以及第8项森林或者林木死亡等的情形,亦应由国土资源部门出具相关的证明材料以书证形式入卷。

4. 关于污染环境罪之"因果关系"及其证据化

"因果关系问题是刑法中最深、最难的问题"①,同样,因果关系的判定问题是刑事司法中最深、最难的问题。虽然《刑事诉讼法》第51条明确规定"公诉案件中被告人有罪的举证责任由人民检察院承担",但实践中对因果关系的证明程度因案件类型而有巨大差异。在侵害人身法益、财产法益等自然犯罪形态之下,在确定犯罪的行为及结果后,由于多数情形下因果关系的存在受到大众的认可,一般不会形成法庭辩论的焦点,因此检察机关在此类案件因果关系的举证上无须太多着力。但污染环境罪这类复杂的技术型犯罪的行为与结果往往存在时空阻隔性,且危害的产生往往有污染物质作为媒介,因此其因果关系往往会成为庭审辩论的焦点,故此检察机关在指控犯罪时,应对因果关系作出说明并尽量提供证据。依据因果关系证明的内容,其证据可有书证、鉴定意见、专家意见形成的证人证言等多种形式。

(二) 与污染环境罪之"量刑"紧密关联之事实及其证明

量刑是刑事司法活动的重要组成部分,其主要依据是"犯罪事实、犯罪性质、犯罪情节和对社会的危害程度以及其他情况"②。虽然

---

① 侯国云:《刑法因果新论》,中国人民公安大学出版社2012年版,第383页。
② 黎宏:《刑法学》,法律出版社2012年版,第350页。

第五章
污染环境罪司法证明论

量刑主要由人民法院在审判活动中进行，但因涉及罪轻或者罪重而可能适用不同档次的刑期，因此在侦查阶段及审查公诉阶段皆需对与量刑有关的事实进行相应的查证。

1. 关于不同档次刑期的事实及其证据化

《刑法》第338条依据罪行轻重设置了两款不同程度的刑期，即"三年以下"与"三年以上七年以下"，后者的适用条件为"后果特别严重"。关于"后果特别严重"的具体标准，2013年第15号司法解释第3条进行了明确。细读该司法解释可知，"后果特别严重"与"严重污染环境"所要保护的法益类型是一致的，即主要是财产法益、生态法益或人身法益，其入罪标准基本上是比照"严重污染环境"的入罪标准的3—3.3倍而设置。在对侵害人身法益、公私财产损失数额、转移或疏散人口数量、生态要素（森林或其他林木、基本农田、防护林地、特种用途林地）被破坏的程度的度量方面，加重刑期与基本刑期的证明方法是一致的。但现实中存在的问题是，部分地方的司法机关在证明涉嫌犯罪者具备基本的入罪标准之后，尤其是具有基本入罪标准的前五种情形（也即危险型结果的情形）之后，即不再对污染环境行为所造成的实害结果进行查证，导致涉嫌污染环境罪的刑事判决均在第一档刑期确定了罪名与刑罚，从而出现大量案件在量刑上基本没有差异的状况。[①] 上述情况的出现，直接原因可能是污染环境行为所侵害的法益大小度量的失败，深层次原因可能还包括污染环境罪在内的技术复杂型犯罪在量刑上所面临的特殊障碍及其破除问题，这是

---

① 典型情形为，检察机关依据2013年第15号司法解释第1条第1至5项向法院提出了有罪指控，提供了犯罪嫌疑人在特定区域（生态敏感区）排污，或者排污达到了一定的数量标准（危险废物三吨以上、浓度标准超标三倍以上）的证据，法院据此可以作出有罪判决，但检察机关往往不能提供上述行为所造成的侵害人身法益、公私财产损失数额等方面的证据，致使法院在判定是否属于"后果特别严重"的情形时失去依托，客观上造成了污染环境罪"定罪成功、量刑失败"的现象。

非常值得深入研究的问题。

2. 关于酌定量刑情节的事实及其证据化

2013年第15号司法解释第4条与第5条分别规定了污染环境罪酌定从重与酌定从轻处罚的相关标准，关于这些酌定情形的认定及其证据化也有讨论之必要。酌定从重处罚的五种情形之中，"在限期整改期间"从事《刑法》第338条规制之行为的，"阻挠环境监督检查或者突发环境事件调查的"，"闲置、拆除污染防治设施或者使污染防治设施不正常运行的"这三种情形较易判定，由环境保护行政管理机关提供作出限期整改的行政文书或相关证明作为书证即可进入下一阶段的查证。需要注意的是"在医院、学校、居民区等人口集中地区及其附近"从事《刑法》第338条规制之行为的判定。"人口集中地区及其附近"依据何种标准确定，由何种机构提供证明，现实中恐怕较难实现。笔者认为，在此情形下，可采取多元证明方法，从相关部门调取城市规划图等作为书证，到排污地点勘查现场形成笔录。至于"附近"之距离确定，则应以排污行为对固定或不固定的人群的危险程度而依据个案之实际情况作出具体分析。①

关于酌定从宽处罚的情节及其证据则可由控辩双方提供。2013年第15号司法解释第5条将行为人"及时采取措施，防止损失扩大、消除污染，积极赔偿损失的"设置为了酌定从宽处罚的情节，充分体现了宽严相济的刑事政策。上述情节应包括两种具体情形：第一，及时采取措施防止损失扩大、消除污染的，即这里的措施是指为了防止污染扩大造成更大公私财产损失的，如及时停产、立即关闭排污口、马上通知下游注意水质等。第二，积极赔偿损失的，是指在污染事件

---

① 我国东中西部差异较大，"人口集中地区及其附近"在不同地区可能具有指代差异，大众对其的认知也不相同。在广袤的西部地区，人口集中地区的附近地区可能是方圆几十千米的一个较大区域，而在东部地区则可能仅仅是距离中心点几十米或几百米距离的区域。

发生，损害业已造成的情形下，积极主动地向国家或相关主体履行赔付义务。关于上述两种酌定减轻处罚的情形，侦查机关或公诉机关应在侦查过程中通过询问当事人形成笔录或以证人证言等形式确认，并以相关证据形式入卷。

第四节 污染环境罪司法证明中的证据确认与合理怀疑排除

关于污染环境罪司法判定中与定罪量刑有关的事实的考量及其证据化问题，笔者已在上文分析，下文笔者再谈谈污染环境罪司法判定中的证据查实与合理怀疑排除问题。

（一）关于污染环境罪司法判定中的证据确认问题

《刑事诉讼法》中"据以定案的证据均经过法定程序查证属实"的规定又可简称为证据的查实或证据的确认，现实中往往以"非法证据排除"为题展开讨论。

1. 污染环境罪司法判定中的非法证据排除

非法证据排除"所要规范的不是证据的证明力问题，而是证据能力问题；该规则也不对一般意义上的证据适用问题加以限制，而主要涉及公诉方证据的法庭准入资格问题"[①]。作为刑事诉讼法确立的重要证据规则之一，被排除的非法证据主要有两类，即"采用刑讯逼供……暴力、威胁等非法方法"收集的证据与"不符合法定程序"收集的物证、书证等。[②]污染环境罪虽然不是严重暴力犯罪，在刑事司

[①] 陈瑞华：《非法证据排除规则的中国模式》，载《中国法学》2010年第6期，第33页。

[②] 《刑事诉讼法》第56条。

法过程中，司法人员将行为人在主观上推定为"恶"的可能性较小，但由于污染环境罪作为技术复杂型犯罪，获取物证或有效书证的难度较大，因此在办案实践中普遍存在重视口供的倾向。考虑到"非法证据排除这把'达摩克利斯之剑'悬在头顶，司法人员就必须从客观的事实、证据、要素出发，去寻找案件突破口，让嫌疑人在事实面前低头认罪，不得不'供认不讳'，这是刑法客观主义从客观到主观的思路"①，对污染环境罪侦办中的非法证据排除问题亦应引起高度重视。

以"刑讯逼供……暴力、威胁等非法方法"收集的证据在污染环境罪中的排除方法与在其他类罪中无本质差异，其基本模式表现为在法庭审理阶段"由辩方提供相应证据和线索，引发非法证据排除的程序；由控方提供询问笔录、原始询问过程、录音录像或其他证据，或者提请其他人员出庭等对证据取得的合法性予以证明；由法官根据双方的互动结果作出是否存在非法取证的裁判"②，可见其主要是通过法庭审理阶段控、辩、审的多元互动来实现的。根据《刑事诉讼法》第56条的规定，关于"不符合法定程序"收集的物证、书证的排除则受到"可能严重影响司法公正的"限制，其程序控制与处理方法是"予以补正或者作出合理解释"，若无法补正或作出合理解释，则该证据应当予以排除。

"不符合法定程序"收集的证据的补正或排除问题在污染环境罪的司法证明过程中表现得较为典型。在污染环境罪的证明过程中，"不符合法定程序"的证据收集主要存在以下情形：第一，证据提取的现场见证问题。由于污染环境行为尤其是作为法人的工业企业的污染排放行为，其证据固定的瞬时性较强，若无法较好地实现证据固

---

① 周光权：《刑法客观主义与非法证据排除》，载《人民检察》2013 年第 1 期，第 9 页。
② 栗峥：《适用非法证据排除规则的困境与方式》，载《河南社会科学》2013 年第 9 期，第 22 页。

定，将使控辩双方在庭审阶段对证据产生较大质疑，此类证据若无犯罪嫌疑人在场见证提取，将导致程序瑕疵。第二，关于环境保护部门及其所属监测机构出具的监测数据的证据化问题。2013年第15号司法解释将污染物的含量、浓度等作为了入罪标准，上述物质的含量、浓度等作为关键证据而成为控辩双方争议的焦点。由于环境监测数据受到监测样品、监测方法、监测技术、监测人员素质等多方面的影响，若将不是严格按照监测程序而获得的数据作为犯罪判断之依据，则有可能导致放纵犯罪或错误入罪的情形出现。[①]

2. 行政证据向刑事证据的转化问题

我国《刑事诉讼法》第54条第2款规定："行政机关在行政执法和查办案件过程中收集的物证、书证、视听资料、电子数据等证据材料，在刑事诉讼中可以作为证据使用。"这成为行政证据向刑事证据转化的法律依据。但需要注意的是，上述行政证据并非直接转化为刑事证据，而需经过查证，确认其"对于所要证明的事实具有价值"[②]时才能实现转化，因此对上述行政证据尚需公安机关、检察机关在侦查或审查起诉过程中进行证明力的确认。

环境保护行政机关向司法机关移送的涉嫌环境犯罪的证据多以书证为主。对这些移送证据的审查确认应注意以下几点：第一，关于环保行政机关的询问笔录。行政机关在行政执法过程中往往对行政相对人进行相关询问，并形成书面的询问笔录，但由于环境行政执法中的询问往往具有即时性，而无同步录音录像等证据固定方法，加之对行

[①] 2013年第15号司法解释第11条第2款规定："县级以上环境保护部门及其所属监测机构出具的监测数据，经省级以上环境保护部门认可的，可以作为证据使用。"省级以上环境保护部门的认可主要是对包括监测方法、监测设备、监测标准等保证监测数据真实性的程序与标准等的规制。

[②] 金钟：《证明力判定论——以刑事证据为视角》，中国人民公安大学出版社2010年版，第5页。

政执法人员的询问方式并无强行法规范,其获得的询问笔录与客观事实的真相可能具有差距,因此此类询问笔录的证明力有限,仅能作为参考,侦查机关或公诉机关在刑事司法过程中必须按照刑事诉讼法中讯问犯罪嫌疑人的方法重新进行讯问。第二,关于环境监察现场检查(勘察)笔录。环境监察现场检查(勘察)笔录是环境保护行政主管机关在行政执法过程中形成的行政执法文书。因环境保护主管部门对现场检查(勘察)笔录的制作标准、文书格式等具有行业规定,故此类书证对污染环境行为的事实调查与还原还是具有相当程度的证明力的,因此侦查与公诉机关可在综合全案证据过程中,对此类书证在排除合理怀疑后进行采信。[①] 第三,环境污染损失评估报告等公文性书证的转化。虽然"有关刑事上的证据认定,或多或少都存在推定"[②],但公文性文书的证明力基本上"可以凭借形式要件真实推定为实质要件真实"[③],因此对于环境保护行政机关所移送的证据中具有显著公文性质的书证,如污染损害评估报告、鉴定意见以及安全生产管理机关出具的相关物质属于危险废物的书面证明等公文性文书,检察机关可将其推定为具有证明力,提交至法庭审理阶段由控辩双方进行质证。

(二) 关于污染环境罪司法判定中的"排除合理怀疑"

排除合理怀疑原则是《刑事诉讼法》确立的一项重要证据规则,

[①] 污染环境行为的现场被有效保护或保存的,如工厂在污染事件后被查封,污染源、排污口、生产流水线、残留污染物质等尚处于可查证状况,侦查机关应对现场进行再次勘察后形成新的勘验笔录,以实现对环保行政机关在行政执法中的检查(勘验)笔录的确认或修正。

[②] 张永泉:《民事证据采信制度研究》,中国人民大学出版社2003年版,第92页。

[③] 金钟:《证明力判定论——以刑事证据为视角》,中国人民公安大学出版社2010年版,第188页。

被认为是相对真实论证明标准的法律表达。① 排除合理怀疑原则适用于综合全案证据后对证据之间的相互关系进行修正。关于污染环境罪中的合理怀疑及其排除有下列三个问题需引起重视：

1. 对因果关系存在程度的合理怀疑

污染环境罪中对事实的合理怀疑主要来自对案件客观要素的怀疑，尤其是对因果关系的怀疑。由于污染环境案件中相关的排污行为与危害结果的发生往往存在时空阻隔或者物质媒介，其因果关系的判定要比自然犯罪案件中复杂得多。若将不属于排污行为所造成的结果归责于行为人，可能造成使行为人错误地承担刑事责任，将有损刑法之严肃。至于在司法判定中采取何种标准来确定是否存在刑法上的因果关系，笔者以为，主要应考虑危害行为与危害结果之间的相当性与关联性，而此种相当性与关联性的证明应充分听取控辩双方的举证与辩论，并允许合理怀疑的存在与排除。

2. 对推定的危害后果大小的合理怀疑

污染环境行为中相对合理怀疑的排除也包括对推定的危害后果大小的修正问题，即需对相关证据表明的污染行为所造成的危害结果如财产损失、社会秩序的侵害范围等进行修正性确认。2013 年第 15 号司法解释第 9 条将"公私财产损失"解释为"污染环境行为直接造成的财产损毁、减少的实际价值，以及为防止污染扩大、消除污染而采取必要合理措施所产生的费用"，但实践中为了防止污染扩大以及消除污染这两类行为的作出者往往是政府环境应急管理部门或其他受到环境污染威胁的主体，因此对这两类行为是否"必要与合理"应有相关证据进行证明，并允许进行质证，经过技术相当性的评估，对所造

---

① 参见陈光中、陈海光、魏晓娜：《刑事证据制度与认识论——兼与误区论、法律真实论、相对真实论商榷》，载《中国法学》2001 年第 1 期，第 45 页。

成的损失数额进行修正后方可纳入刑法考量。

3. 对非财产法益侵害程度的合理怀疑

"致使疏散、转移群众五千人以上的"与"致使乡镇以上集中式饮用水水源取水中断十二小时以上的"这两种情形之中的数量标准虽然明确,但却非绝对标准。重大污染环境行为往往容易引起一定程度的社会恐慌,政府在采取应急管理措施时也不排除某些情形下的过度反应,因此在应急管理结束之后,政府应对其在采取措施的必要性方面作相应的确认,也即上述政府在取水中断及转移、疏散群众方面的行为应在事后评估其必要性与合理性,修正确认相关的数量或金额。就刑事程序而言,辩方也可在法庭辩论中提出对上述数量与金额等的修正请求与修正依据,法庭对上述数量或金额进行必要性与合理性的判断,排除合理怀疑后确定出修正数量与金额,再纳入污染环境罪的定罪或量刑的评价,如此方更显客观与公允。

污染环境罪的判定在司法实践中成为难题,症结在于积极运用刑法手段惩治污染环境行为的刑事政策受到了来自传统刑事司法程序内部的自然阻力。在生态文明建设过程中,运用刑法手段惩治污染环境行为的刑事政策需要坚持,传统刑事程序法中所蕴含的人权保障与程序法定的基本价值也应得到坚守。为了程序法与实体法的双重价值,我们需要将实体法所确定的入罪标准转化为程序法中的证明标准,努力提高司法证明力,通过个案的准确判定,提高办案质量,减少错案风险,积极实现刑法与刑事司法的一体化。

第 六 章
环境刑法演进一体化论[*]

通过刑法手段保护环境是欧洲各国的重要刑事政策。环境保护关乎公益，在一定程度上也是欧盟各成员国让渡本国主权从而形成欧盟层面上法律意志的最佳突破口。本章从环境刑法在欧洲的演进入手，尝试分析欧盟成员国在让渡本国刑事立法权过程中的考量因素，寻找成员国在刑事立法权上可让渡的边界，探究欧盟层面上共同立法权尤其是刑事立法权的生成机制，以期进一步加深我们对欧洲一体化过程中法律认同深层机理的认识。

第一节 欧盟成员国及欧盟环境犯罪
刑事立法的概要考察

欧盟既是当今全球经济与政治的重要一极，也是全球法律文化、法律治理资源等的重要供给地。作为世界上先进的法治区域，欧盟及其成员国在包括环境犯罪在内的诸多领域的法律治理方面都提供了颇具全球意义的借鉴范本。

---

[*] 本章主体内容以《环境刑法演进视角下的成员国刑事立法权让渡》发表于《人大法律评论》2018年第2辑。

（一）欧盟大多数成员国已具有通过刑法保护环境的刑事政策

资料表明，欧盟大多数成员国都已具有通过刑法保护环境的刑事政策，其重要表现即为这些国家的国内刑事立法中均有关于环境犯罪的规定。由于法律传统及立法技术等的差异，欧盟成员国对环境犯罪的刑法规定显示出各自国家的特色。比如奥地利，该国在其刑法典第7章"危害公共安全和环境的应受刑法处罚的行为"中用6个条文规定了环境类犯罪，其中有3个条文涉及核能或者核材料，并且将影响生态环境的犯罪区分为故意犯罪与过失犯罪且用不同的条文分别进行了规定，这在其他国家的环境犯罪立法中是不多见的。① 又如荷兰，该国在其刑法典中并无专章规定环境犯罪，但在第7章"危害公众人身和公共财产安全的重罪"中用几个条文规定了与环境犯罪相关的几类犯罪，在一定程度上显示出了环境犯罪所侵害的实质法益为公众人身或公共财产安全的法律本质。② 再如瑞典，该国在刑法典中对环境犯罪进行了专章立法，在第13章"有关公共危险的犯罪"分别规定了传播有毒、污染物质罪与过失传播有毒、污染物质罪两个罪名，对犯罪主观因素中的故意与过失进行区分立法并规定具有较大差异的刑

---

① 参见《奥地利联邦共和国刑法典》，徐久生译，中国方正出版社2004年版，第74页。

② 主要有：第161之5条（"因过失或疏忽而致使人、动物、植物或财产暴露于致电离辐射，或使人、动物、植物、财产、土壤、水或者空气遭受放射性物质的污染"）、第173条（"因过失或疏忽而在供公众使用、他人集体共同使用的井、泵、泉或饮用水设施中投入有毒物质的"）、第173a条（"故意非法往土壤、空气或地表水中投入有害物质"）、第173b条（"因过失或疏忽而往土壤、空气或地表水中投入有害物质"）等。参见《荷兰刑法典》，颜九红、戈玉和译，北京大学出版社2008年版，第94—95、99—100页。

事责任,其在刑事责任分配方面的科学性颇具参考价值。①

(二) 欧盟成员国国内的环境犯罪刑事立法达到了较高水平

欧盟成员国多数具有良好的法治传统且具有成文法立法经验。资料表明,多数欧盟成员国的国内法中关于环境犯罪的立法均达到了较高水平。如德国,《德国刑法典》第29章专章规定了"污染环境的犯罪",并用7个条文详细规定了各类污染环境与破坏生态的犯罪,其中污染环境的犯罪还具体区分为空气污染犯罪、水域污染犯罪、土地污染犯罪、噪声污染犯罪、未经许可的垃圾处理犯罪、放射性污染犯罪、震动污染犯罪等7个类别。在该法第330条b款还规定了"真诚悔罪"的条款②,表现了对环境犯罪中行为人特点的细致关照。又如丹麦,《丹麦刑法典》第21章"引致公共损害之犯罪"中的4个条文之一即第196条规定了污染环境犯罪,且将由于污染环境或者存放、移动废物或类似物质从而"引起重大环境损害,或者具有引起环境损害之现实危险的"两类行为均纳入了刑法考量,③对环境犯罪既处罚实害犯又处罚具体危险犯,在对环境犯罪独特性的科学认知及立法技术方面表现出较高水平。再如瑞士,瑞士虽然没有对环境犯罪进行专章立法,但在其刑法典第7章"危害公共安全的重罪与轻罪"中规定

---

① 在主观要素为故意时,处罚标准为6年以下监禁,若犯罪严重的,"处4年以上10年以下监禁或终身监禁";而在主观要素为过失时,则"处罚金或2年以下监禁"。参见《瑞典刑法典》,陈琴译,北京大学出版社2005年版,第22页。

② 即"行为人在重大损失产生之前自动排除危险的,法院可依其裁量,减轻……或免除……处罚","危险非因行为人的行为而排除的,只要其主动且真诚努力排除危险,减轻或免除其刑罚"。参见《德国刑法典》,徐久生、庄敬华译,中国法制出版社2000年版,第224页。

③ 参见《丹麦刑法典与丹麦刑事执行法》,谢望原译,北京大学出版社2005年版,第56页。

了污染空气的犯罪,在第 8 章"针对大众健康的重罪与轻罪"中规定了污染饮用水的犯罪,且将前者规定为具体危险犯,而将后者规定为行为犯,表明了对大气污染犯罪与水污染犯罪基于其不同特点的不同刑法处理,具有相当高的科学性。①

这里笔者要特别提到芬兰在环境犯罪方面的立法。《芬兰刑法典》中设置了环境犯罪专章即第 48 章。此章中不仅规定了损害环境罪、加重损害环境罪、环境侵害罪、过失损害环境罪、自然保护罪、过失环境损害罪等 6 个罪名,而且规定了环境犯罪的刑事责任、法人的刑事责任、环境犯罪的法定时效等 3 个结合环境犯罪特点而设计的刑法条款。2002 年芬兰在修订刑法典时在上述第 48 章之后又增设了第 48a 章"自然资源犯罪",具体规定了狩猎犯罪、渔业犯罪、林业犯罪、隐藏偷猎的野生动物罪 4 个罪名,并在此章节中用两个条文分别规定了起诉的权利与对狩猎犯罪的禁止令。芬兰在环境犯罪上如此细致的立法在世界范围内是少有的。虽然芬兰并非欧盟的主导国家,也并非欧洲大陆传统成文立法的典型国家,但芬兰的环境犯罪立法显示出鲜明的成文主义,对污染环境类犯罪与破坏生态类犯罪所侵害的法益类型的差别具有深刻认知,且对上述两类犯罪在刑事责任的承担上进行了有差别的设计,是当前欧盟成员国国内环境犯罪立法水平的典型代表。

---

① 规定大气污染犯罪的为《瑞士联邦刑法典》第 225 条,即"行为人故意,但非以犯罪为目的,或者行为人过失地用爆炸物或有毒气体使他人的身体和生命或他人的财产处于危险之中的,处 5 年以下监禁刑";规定水污染犯罪的为第 234 条,即"故意用对健康有害的物质污染人或家畜饮用水的,处 5 年以下重惩役或 1 个月以上监禁。行为人过失为上述行为的,处监禁刑或罚金刑"。参见《瑞士联邦刑法典》,徐久生、庄敬华译,中国方正出版社 2004 年版,第 69、72 页。

第二节　欧盟力图实现具有欧洲意志的
超越国家的环境刑事政策

在经济一体化已经取得显著进步的同时，欧盟也比较注重将法治领域的共识及时固定化与文本化，并力图逐渐使得欧盟层面上具有超越成员国的在欧洲具有共同意志与普遍约束力的法律治理模式。考察欧盟法治历程可知，具有强烈公共性的生态环境领域在欧盟共同法律意志形成过程中发挥了重要作用，对其分析具有重要的切片考察价值。

（一）欧盟成员国试图参与制定并签订《通过刑法保护环境公约》

欧盟层面的环境刑事立法肇始于1998年由欧洲委员会（Council of Europe）[①]制定的《通过刑法保护环境公约》（Convention on the Protection of the Environment through Criminal Law，以下简称《公约》）。该公约文本体量适当，包括序言、术语的使用、国家应采取的措施、国际上应采取的措施、最后条款等总计共21条内容，对环境刑事的总政策、环境犯罪的形态（故意犯罪与过失犯罪）、司法管辖、环境犯罪的处罚（自由刑、罚款和恢复环境）、法人的责任、机构之间的合作、国际合作等也进行了较为详细的规定。[②]

[①] 欧洲委员会是1949年由10个欧洲国家（法国、英国、荷兰、丹麦、意大利等）成立的国际组织。该委员会是欧洲整合进程中最早成立的机构，具有国际法地位。现有47个会员国，欧盟所有成员国均为其会员国。欧洲委员会自成立以来一直围绕欧洲的联合与合作工作，在推进区域刑事司法合作方面发挥了重要作用。

[②] Council of Europe, Convention on the Protection of Environment through Criminal Law (ETS No. 172), http://conventions.coe.int/Treaty/Commun/QueVoulezVous.asp? NT=172&CM=8&DF=29/07/2014&CL=ENG, last accessed on Jul. 29, 2014.

有学者认为,该公约的性质是环境政策,① 对此笔者并不赞同。虽然《公约》最后并未生效,但其远远已超出"宣言"之类宣誓性文件的文义表述以及详细的约束条款(包括签署与生效、适用的领土范围、保留条款、争端的解决、退出公约的条件等)都使我们有理由相信,《公约》表达出欧盟一些成员国试图通过缔结相关条约的方式达致各成员国在相关立法趋向一体化的目标,因此《公约》不是宣誓性的宣言,而是欧盟国家基于订立共同的法律文本而在环境刑事立法领域所做出的重要努力。

　　虽然按照《公约》规定的生效方法其至今仍未生效,但在公约文本起草、公开供签署及后续过程中,其内容及理念还是对欧盟环境刑事立法的演进产生了重大影响,且成为欧盟刑事立法权形成过程中的重要载体与讨论标的。时至今日,《公约》仍在欧洲委员会的官方网站上开放供查询与参考。从环境刑法的立法理念来看,《公约》中关于环境犯罪的性质、环境犯罪的处罚方式、环境犯罪中恢复性司法方法的应用等都具有较好的示范性。《公约》的文本实现了生态主义理念与刑法机制的较好结合,不仅为欧盟层面上后续的环境刑事立法奠定了基础,而且为欧盟成员国以及世界其他国家的环境刑事立法及环境刑事政策都提供了参考,在世界环境刑事立法发展中具有重要意义。

　　欧盟成员国虽然付出了较大努力,但《公约》在1998年文本公布后并没有及时符合生效条件,其主要原因是其某些内容与成员国的国内法具有较为明显的冲突,导致签署后仅有一个国家批准了该公

---

① 参见徐丰果、姜文:《论欧盟"通过刑法保护环境"的环境政策》,载《北京林业大学学报(社会科学版)》2009年第2期,第22页。

约，因此目前《公约》还未正式生效。① 但这并不意味着欧盟国家的此种努力是失败的，更不能认为通过签订公约来对环境进行刑事保护的路径选择是错误的。毕竟对多数国家而言，刑事立法权的让渡涉及国家主权，且一体化的刑事立法后还需成员国国内刑事司法的实际运作才有可能切实地预防与惩治环境犯罪，而成员国国内的刑事司法体制往往是具有较大差异的，因此公约从文本到实际施行是不可能一蹴而就的。

（二）欧盟环境刑事立法的载体引发争议并经司法审查途径得到平息

在上文所言具有普遍约束力的公约暂时不能生效的情形下，欧盟开始尝试通过其他有效方式开展欧盟层面上的环境刑事立法。按照欧盟的法律体系，除了作为一级立法（primary rules）的成员国之间的公约之外，尚有包括"条例"（regulation）、"指令"（directive）、"决定"（decision）、"框架决定"（framework decision）等形式在内的二级立法（secondary rules）方式可作为规制某些领域的立法形式而成为欧盟环境刑事立法可能的目标载体。研究表明，欧盟的环境刑事立法之路并不平坦，其立法载体之争在欧盟各机构之间持续多年并最终随欧洲法院（European Court）的判决方得以平息。

在欧盟理事会1999年坦佩雷会议上提出应就包括环境犯罪在内的某些犯罪规制一致的犯罪构成及处罚机制后，2000年2月，丹麦以欧洲委员会《公约》为蓝本向欧洲委员会提出一项《与严重环境犯罪

---

① 签署该公约的共有13个国家，即：奥地利、比利时、丹麦、爱沙尼亚、芬兰、法国、德国、希腊、冰岛、意大利、卢森堡、西班牙、乌克兰。上述国家中仅爱沙尼亚批准了该公约，未达到公约生效需至少三个国家批准的要求。

做斗争的框架决定》①的提案。欧盟理事会司法与内务理事会（Justice and Home Affairs Council）认为不应采取这样的"框架决定"，故其并没有向欧洲委员会提交上述提案而付诸讨论。2001年3月，欧洲委员会另行向欧盟理事会及欧洲议会提出了一项《通过刑法保护环境指令》②的提案。上述框架决定和指令均认识到刑法在环境治理中不可或缺的作用并以建立和强化对环境违法和污染行为的刑事处罚为主要立法目的，但两者立法载体不同，在立法依据、规范内容、法律效力乃至立法表决机制等方面存有诸多差异。引发这些差异的最本质原因在于，欧洲理事会及欧盟委员会在环境刑事立法应纳入欧盟政府间合作，还是建立"更为一体化"③的超国家共同体平台的态度上有着截然不同的取向。

《与严重环境犯罪做斗争的框架决定》建基于作为欧盟第三支柱的"警务及刑事司法协助"的成员国政府间合作机制，主要以《欧盟条约》（又称《马斯特里赫特条约》）第34条第2款规定的有关可适用框架决定使成员国的法律及规定相互接近的规定为依据制定。丹麦提出的框架决定提案文本中除对严重环境违法行为应适用的刑事处罚、对环境犯罪的处罚、法人的责任等作了原则性规定外，同时着力于拓展包括刑事侦查、司法管辖、情报交流、诉讼移管、引渡、设立联络处等在内的刑事司法合作机制。该文本还明确要求各成员国应尽快签署欧洲委员会1998年《公约》并推动其批准。欧洲理事会认为"框架决定"可以作为欧盟环境刑事立法的目标载体，但在随后审议

---

① Initiative of the Kingdom of Denmark with a View to Adopting a Council Framework Decision on Combating Serious Environmental Crime, OJ C 39, Feb. 11, 2000, pp. 4-7.

② Proposal for a Directive of the European Parliament and of the Council on the Protection of the Environment through Criminal Law, OJ C 180E, Jun. 26, 2001, pp. 238-243.

③ Norel Neagu, Entrapment between Two Pillars: The European Court of Justice Rulings in Criminal Law, European Law Journal, Vol. 15, No. 4, 2009, p. 539.

第六章
环境刑法演进一体化论

中对丹麦提出的提案内容作了较大幅度的修订，最终通过的文本浓缩了有关传统刑事司法合作的规范，删除了有关签署和批准《公约》的条款，并细化了环境犯罪的形态（故意犯罪与过失犯罪）、对环境犯罪的处罚、法人的责任、自然人和法人的处罚措施等方面的条款。①

由于在欧盟法律体系中，"框架决定"对成员国的国内法并不产生任何直接效力，成员国政府在履行将其转化为国内法的义务时有权选择实施"框架决定"的具体措施与形式，②因此无论是根据丹麦提出的框架决定提案还是欧盟理事会通过的最终文本，成员国在对环境违法行为进行制裁时可在刑事处罚措施和行政处罚措施之间作出适合国内法律的选择。基于第三支柱下的"框架决定"在性质上属"成员国政府之间主要通过欧洲理事会进行的合作"③范畴，在立法程序上也遵循全体成员国一致同意的表决机制，显示其乃基于国家之间合意的合作，因此，"框架决定"不具有超国家法的效力而不能被视作真正意义上具有欧盟意志的超国家的环境刑事立法。

与欧洲理事会态度不同的是，欧盟委员会认为，根据《建立欧共体条约》第175条④，成员国应当在环境犯罪构成及刑事处罚方面设置趋同的刑法规则，在明显属于欧盟第一支柱"共同体"一体化的领域，能够也必须采用共同体法律为立法载体。因此，欧盟委员会提出了一项《通过刑法保护环境指令》的提案，要求成员国在环境刑事犯罪的构成和建立刑事处罚措施两个方面设置统一的刑法规则，不涉及国家间传统刑事司法合作的内容。"指令"与"框架决定"同样不具

---

① Council Framework Decision 2003/80/JHA of 27 January 2003 on the Protection of the Environment through Criminal Law, OJL 29, Feb. 5, 2003, pp. 55-58.

② 参见〔德〕马迪亚斯·赫蒂根：《欧洲法》（第五版），张恩民译，法律出版社2003年版，第387—388页。

③ Massimo Fichera, Criminal Law beyond the States: the European Model, European Law Journal, Vol. 19, No. 2, 2013, p. 185.

④ 该条款设置了共同体与环境相关的权力范围。

备直接的法律效力,各成员国须将"指令"的内容转化为本国国内法且在立法转化过程中也有一定的自由发挥空间,但"在实践中,一些指令对许多细节问题规定得非常详细,以至于各个成员国相关机构在进行转化立法的时候很难再有发挥余地"①,且"根据欧洲法院判例,指令在一些例外的情况下具有直接的适用效力"②。上述指令提案要求欧盟成员国须承担对严重环境违法行为采取刑事处罚的义务,而不具备在刑事处罚措施和行政处罚措施之间作出选择的自由裁量权。第一支柱下的"指令"遵循特定多数表决机制,即使一个或多个成员国反对也可获得通过,显示其超国家的法律特征。

欧盟委员会采取在第一支柱"共同体"下以具有超国家法效力的"指令"而非以第三支柱政府合作的形式来规制欧盟环境刑法,且明确要求各成员国以刑事处罚手段惩处严重环境违法行为的做法,是其力图实现具有欧盟意志的超国家的环境刑事政策和立法的重要体现,也正是在这个意义上,欧盟委员会在2001年提出的《通过刑法保护环境指令》提案"理由说明"部分指出:"有必要在环境保护领域的共同体法律中就犯罪构成要素订立最低标准。为取得更佳及更和谐的成效,相对于成员国层面,这一目标由共同体实现更佳"③。

但2003年1月在全体成员国的一致同意下,欧洲理事会还是通过了《与严重环境犯罪做斗争的框架决定》,欧洲理事会还明确指出欧盟委员会2001年提出的《通过刑法保护环境指令》超越了《欧盟条约》赋予"共同体"的权限,在通过指令的多数表决机制下,也未

---

① 〔德〕马迪亚斯·赫蒂根:《欧洲法》(第五版),张恩民译,法律出版社2003年版,第145页。

② 曾令良:《论欧共体法与成员国法的关系》,载《法学论坛》2003年第1期,第82页。

③ Explanatory Memorandum of the Proposal for a Directive of the European Parliament and of the Council on the Protection of the Environment through Criminal Law, OJ C 180E, Jun. 26, 2001, pp. 238-243.

第六章
环境刑法演进一体化论

能在欧洲理事会取得指令获得通过所需的特定多数票数。① 欧盟委员会则坚持认为欧洲理事会通过的上述框架决定不具备合法依据,并由此引发了一场前者作为原告、后者作为被告的本质为司法审查的诉讼。在上述编号为 C-176/03 的诉讼中,欧洲法院于 2005 年 9 月作出判决,以《与严重环境犯罪做斗争的框架决定》的目的和主要内容为涉及共同体保护环境的共同政策因而须纳入共同体的立法范围为由废止了上述框架决定。② 同样性质的判决也发生在 2007 年,欧洲法院应欧盟委员会请求,在编号为 C-440/05 的司法审查诉讼中适用了与 C-176/03 案件相似的依据而撤销了《有关船舶污染的框架性决定》。③

根据欧洲法院的判决,并考虑到欧盟环境立法的新发展,欧盟委员会撤回了 2001 年的指令提案并在 2007 年 2 月提出了一项新的指令提案。2008 年 11 月,欧洲理事会与欧洲议会以特定多数的表决方式,通过了这项编号为 2008/99/EC 的《通过刑法保护环境指令》④。与前述两项框架决定和指令提案相比,新的指令扩大了环境犯罪的范围、增加了犯罪类型、加大了刑事处罚力度、使处罚手段更趋多元化、增加了合作打击跨国环境犯罪和有组织的环境违法行为等方面的具体规制,致力于推动共同体有效执行欧盟环境保护立法目标的刑法一体化进程。2009 年 10 月,欧洲理事会与欧洲议会又通过了《关于船舶污

---

① 参见《与严重环境犯罪做斗争的框架决定》前言部分第(4)至(7)。Council Framework Decision 2003/80/JHA of 27 January 2003 on the Protection of the Environment through Criminal Law, OJL 29, Feb. 5, 2003, pp. 55-58.

② Judgment of the European Court of Justice of 13 September 2005 in Case C-176/03: Commission of the European Communities v. Council of the European Union.

③ Judgment of the European Court of Court (Grand Chamber) of 23 October 2007 in Case C-440/05: Commission of the European Communities v. European Parliament.

④ Directive 2008/99/EC of the European Parliament and of the Council of 19 November 2008 on the Protection of the Environment through Criminal Law, OJ L 328, Dec. 6, 2008, pp. 28-37.

染的指令》。根据上述两项最新指令的规定，欧盟各成员国须分别在2010年12月26日、2010年11月16日前通过生效的法律、条例和行政措施来完成上述指令在国内法律的转化，以达到指令所要求的成员国在环境刑法领域的趋同和一体化目标。至此，欧盟在探索及形成具有欧盟意志的刑事环境政策及立法领域取得了具有标志意义的阶段性成果。

第三节 欧洲法院对欧盟环境刑事立法的司法审查

在欧共体（欧盟）的建立与发展历史中，围绕共同体与成员国之间权力分配界限的斗争与妥协始终如影相随。[①] 欧洲理事会和欧盟委员会对欧盟第一支柱与第三支柱权限划分的分歧导致的对欧盟环境刑事立法的争议，实质上也凸显出这两个机构对共同体与成员国之间权力分配的不同观点。欧洲法院基于诉讼对欧盟环境刑事立法进行司法审查后所作出的两项重要判决，结束了相关争议并由此确立了共同体在环境领域的刑事立法权。判决也清晰阐明了共同体环境刑事立法的目的并非对各成员国国内刑法的干预，而是以调整各成员国刑法在此领域的差异为手段，使成员国在应对严重违反欧盟环境保护法律行为方面逐步建立起趋同乃至一体化的刑事处罚机制，从而有效保障欧盟环境保护立法的实施。

（一）司法审查的背景：一体化背景下共同体刑事立法权的长期缺失

长期以来，欧盟成员国都坚持认为刑事立法权作为成员国主权的一部分并没有被让渡给体现超国家意志的共同体，在欧洲法院的判例

---

① 参见曾令良：《论欧洲联盟法中的从属原则》，载《武汉大学学报（哲学社会科学版）》1999年第2期。

第六章
环境刑法演进一体化论

中也找不到对共同体刑事立法权的直接支持。因此与刑法相关的立法只能以成员国的一致同意为前提,采用包括《欧盟条约》和《阿姆斯特丹条约》下作为第三支柱的"警务及刑事司法协助"的方式进行成员国国家之间的合作。以提出《与严重环境犯罪做斗争的框架决定》提案的丹麦为例,丹麦"反对将司法及警务事宜的权限让渡予共同体"①。故此,虽然刑法在推动欧盟法律执行中的作用从来没有被忽视过,但共同体并不具备刑事立法权的现实还是导致了欧盟在刑法领域的一体化进程显得相对谨慎与缓慢。

欧盟法律的执行机制原则上依赖于各成员国国内法,各成员国有权选择民法、行政法、刑法以及其他性质的法律以实施欧盟法律。刑法基于其本身谦抑的特质在多数情况下只能作为"最后的手段"而被立法者选作执行欧盟法律的手段。② 更重要的是,刑事立法权在任何主权国家都属于国家主权的核心和高度敏感领域,当欧盟法律与成员国本国刑法体系发生冲突时,成员国政府出于保障国家主权和本国刑事立法权的目的,往往更倾向于维护本国刑法的体系稳定与有效适用。

自20世纪80年代起,欧盟法律一体化也逐渐延伸至刑法领域。欧洲法院以《建立欧共体条约》中所规定的忠诚信守共同体法律的义务为基础,通过多个判例确立了成员国在执行共同体法律时保留选择具体执行方式的自由裁量权,但成员国有义务对违反共同体法律的行为制定"有效的、成比例的、具有威慑力的"③处罚措施。这一使原

---

① Trine Baumbach, Danish Criminal Law and the EU, European Criminal Law Review, Vol. 3, No. 3, 2014, p. 301.

② See Douglas Husak, The Criminal Law as a Last Resort, Oxford Journal of Legal Studies, Vol. 24, No. 2, 2004, pp. 207-235.

③ 参见欧洲法院1989年关于"希腊玉米"案件的判决。Judgment of the European Court of Justice of 1989 in Case 68/88: Commission of the European Communities v. Greece, ECR 1989 (2965).

则在某些情况下可迫使成员国国内立法者使用刑事处罚手段，从而使"共同体法间接地协调了国内刑法和刑事诉讼法"①。同时欧洲法院也通过判例确定，共同体法律亦为成员国的刑事立法权设定了边界，即成员国不能在国内刑法中设立任何违反共同体法律确立的基本自由的条款。上述共同体法律中存在的依据及相关判例成为共同体拓展其刑事立法权的基础条件。

1992年签署的《欧盟条约》通过开辟欧盟第三支柱"警务及刑事司法协助"将成员国的刑事司法合作纳入了欧盟范围。虽然第三支柱的开辟代表着欧盟在政治一体化中取得了重要进展，但"警务及刑事司法协助"在此阶段与第二支柱"外交与安全政策"仍然同属成员国不愿将相关权力让渡予共同体的范畴。在这两个支柱与第一支柱"共同体"形成的欧盟三级"柱形"结构体制下，欧盟在刑法领域依然主要采用传统的但更为紧密的以刑事调查、控诉及判决方面的相互协助为主要内容的国家间合作形式。1997年《阿姆斯特丹条约》的生效则为推动欧盟在某些刑事法律领域建立趋同乃至一体化的规则所具备的权能提供了直接的法律依据。《阿姆斯特丹条约》保留了第三支柱的框架并提出了构建欧盟"自由、安全与司法的区域"的理念，使欧盟在刑法领域的合作除原有的"警务及刑事司法协助"外，更包括了"成员国刑事法律的相互接近"，并为此创立了一种第三支柱下的新的立法模式——框架决定，以建立有组织犯罪、恐怖主义、贩运毒品等犯罪趋向一致的犯罪构成要件以及刑罚的最低标准。② 在随后的实际操作中，欧盟更借助"有组织犯罪"这一开放性概念，使包括环境犯罪在内的诸多犯罪类型都进入了欧盟刑事法律趋同及一体化的立法范

---

① 〔荷兰〕约翰·A.E.维瓦勒：《刑事法律的欧洲化与刑事法律领域的欧洲一体化》，廖明、季美君译，载《比较法研究》2005年第5期，第149页。

② 参见赵海峰：《试论欧洲刑法的现状和欧盟刑法的前景》，载《中国刑事法杂志》2006年第4期，第124页。

围，欧盟理事会2003年通过的《与严重环境犯罪做斗争的框架决定》即是其中之一。

与此同时，《建立欧共体条约》也为欧盟在第一支柱"共同体"的平台上协调乃至统一刑事法律提供了法律依据。以法律相互接近为目标，欧盟委员会具有在包括有组织犯罪、恐怖主义、贩运毒品等犯罪领域提出立法动议的权限。第一支柱及第三支柱在刑事立法范畴的权力重叠和冲突由此产生。更为重要的是，面对欧盟大量立法的推行，包括欧盟委员会在内的欧盟机构开始意识到刑法在保障欧盟法律有效执行、落实共同体政策领域的不可或缺的作用。然而由于成员国在政治、法律与文化等多个层面都存有不同程度的差异，因此成员国之间传统、常规的刑事司法合作无法达到充分与最佳效果。这使得代表成员国利益的欧洲理事会与代表共同体利益的欧盟委员会就第一支柱及第三支柱权限划分产生分歧。由此，一个颇为重要的命题被提上讨论的日程，并对欧洲法律的一体化产生重要影响：在欧盟法律中设置刑法范畴的法律规范是否只能继续纳入彰显成员国国家意志的第三支柱下的国家间合作，抑或可被视作超国家意志的"共同体"的权限范围，从而赋予共同体一定的刑事立法权？

欧洲理事会及欧盟委员会在一定时期内曾就上述分歧达成不稳定的妥协：这两个机构可在其各自认定的权力范围内分别行使权限。①在此期间，欧洲理事会通过了多项涉及刑事条款的框架决定。但欧盟一体化进程的深入扩大了共同体的影响力，随之而来的是第一支柱向第三支柱的逐渐渗透，欧盟委员会在欧盟环境刑事立法领域试图以"指令"取代"框架决定"从而要求成员国承担环境刑法领域一体化的义务，并进而使得共同体具有一定的刑事立法权，显示了其对上述

---

① 参见马贺：《欧盟区域刑事合作进程中的制度缺陷与对策——从〈马斯特里赫特条约〉到〈里斯本条约〉》，载《犯罪研究》2010年第5期，第104—105页。

阶段性妥协的持续挑战。当然，更为重要的是，欧盟委员会的上述进取立场在随后进行的诉讼中得到了欧洲议会的支持，并最终获得了欧洲法院的认可。

（二）司法审查的内容及结果：确立了欧盟环境刑事立法的载体与内容

对欧洲理事会通过的《与严重环境犯罪做斗争的框架决定》《有关船舶污染的框架性决定》，欧洲法院进行了司法审查。司法审查的主要内容是上述框架决定是否具备合法依据、共同体作为立法主体是否享有环境刑事立法领域的权力。

在涉及《与严重环境犯罪做斗争的框架决定》的诉讼中，欧盟委员会认为，欧洲理事会是无权限通过框架决定在其第1条至第7条中要求成员国在环境犯罪的形态（故意犯罪与过失犯罪）、对环境犯罪的处罚、法人的责任、对自然人和法人的处罚措施等方面设置趋同的规则的，对成员国设置上述义务的权限应属于共同体。按照《建立欧共体条约》第175条的规定，共同体得基于共同利益的考虑，要求成员国对违反共同体环境保护法律的行为，在国内法中制定适当的刑事规则以确保共同体法律的有效执行。欧洲法院在判例中形成的有关执行欧盟法律须遵守的"制定有效的、成比例的、具有威慑力的执行制度"的原则，亦可成为欧盟在共同体层面上建立最低环境刑事立法要求的依据。《与严重环境犯罪做斗争的框架决定》使成员国可在应对严重环境违法行为时自行选择刑事或其他性质的处罚方式的做法侵犯了共同体的立法权力。[①]

与欧盟委员会观点相对立的是，通过了上述框架决定的欧洲理事会则认为共同体的刑事立法权在欧盟法律上不存在依据，"欧洲法院的判例中并没有明示或暗示的表达出共同体有权要求成员国实现共同

---

① Case C-176/03 Summary published in Official Journal（OJ EC C135/21，07/06/2003）.

第六章
环境刑法演进一体化论

体层面的刑事立法的近似和统一性"①。欧盟法律执行的原则也没有对成员国的具体立法形式作出约束,因此为应对严重违反欧盟环境保护法律的行为采取制裁措施时,成员国可以在刑事处罚和行政处罚措施中作出符合本国法律的选择。②

欧洲法院基本接纳了欧盟委员会的立场。欧洲法院的主要观点包括:认为《与严重环境犯罪做斗争的框架决定》第1条至第7条从其宗旨及内容来看均涉及环境保护这一共同体的共同政策,属共同体的立法权限范围。一般而言,"刑法本身不构成共同体的政策",即共同体总体而言不具备刑事立法权,但为有效执行共同体的环境保护立法,共同体的立法者能够要求成员国采取与国内刑事法律有关的措施,从而使各成员国的有关当局适用"有效的、成比例的、具有震慑力的"的刑事处罚以应对严重环境违法行为。《欧盟条约》第47条也规定了当欧盟第一支柱"共同体"与第三支柱发生冲突时,第一支柱优先于第三支柱。因此欧洲理事会根据《欧盟条约》第34条在第三支柱下通过的这一框架决定因不具备适当的立法依据,侵犯了共同体的立法权而应被废止。上述框架决定第1条至第7条内容应以《建立欧共体条约》第175条为立法依据采取由欧盟委员会提出动议、由欧洲议会和欧洲理事会共同通过的"指令"形式予以规范。③

欧洲法院的这项判决具有重要意义,它确立了共同体作为立法主体享有设置刑事性质的立法规范以保障共同体的环境保护法律得以实施的案例基础。此项判决表明,在立法形式上,不应以立法规范属非刑事或刑事性质来作为划分第一支柱"共同体"和第三支柱"警务及刑事司法协助"权限的标准。只要相关立法是保障共同体的共同政策

---

① 徐占国:《欧盟环境刑法规制的演变研究》,浙江农林大学2012年硕士学位论文,第14页。
② Case C-176/03 Summary published in Official Journal(OJ EC C135/21,07/06/2003).
③ Paragraphs 47,48,51 and 53 of the European Court's judgment in Case C-176/03.

并为执行共同体法律所必需，共同体的立法者即可以《建立欧共体条约》为法律依据行使包括设置刑法规则在内的立法权限。而在第三支柱下，可就尚未进入共同体一体化领域的广义的警务及刑事司法协助，包括相互承认判决、与执行共同体政策及基本自由无关的刑法趋同措施在内的事项进行立法。

欧洲法院在就环境刑事立法的第二项判决（也即《有关船舶污染的框架性决定》）中认为，该框架决定的"宗旨和主要内容与打击环境犯罪的刑事处罚措施存在必然联系，并且有关海洋运输的安全"①，《建立欧共体条约》赋予了共同体在海洋运输领域具有广泛的立法权力，确保海洋运输安全也是共同体的共同政策之一，而环境保护是这一共同政策不可缺少的重要部分，共同体根据《建立欧共体条约》具有在此领域的立法权。

欧洲法院就环境刑事立法的上述两项判决标志着共同体层面上环境刑事立法权的生成，其所带出的积极理念对促进欧盟法律一体化具有重要意义。在欧洲法院的上述第一项判决作出后，欧盟委员会还曾试图对此判决作扩张解释，认为环境保护是共同体重要但并非唯一的共同政策之一，共同体的刑事立法权应延伸至所有共同体的共同政策领域。② 虽然上述欧盟委员会的"扩张性解释"不能"自动"适用于所有共同体的共同政策，但为提升欧盟的一体化程度有必要逐渐将欧盟第三支柱纳入第一支柱。③ 欧洲法院在随后的第二项判决中未对欧盟委员会的这一"扩张性解释"作评析。有学者认为，这源于欧洲法院以

---

① 徐占国：《欧盟环境刑法规制的演变研究》，浙江农林大学 2012 年硕士学位论文，第 17 页。

② Communication from the Commission to the European Parliament and the Council on the implications of the European Court's judgment in Case C-176/03.

③ European Parliament resolution on the consequences of the European Court's judgment in Case C-176/03.

第六章
环境刑法演进一体化论

《建立欧共体条约》为依据赋予第一支柱下共同体的环境立法权并非共同体"内在"的权限，而是作为共同体不具备刑事立法权原则的"例外"，而"例外"不能扩张至共同体的所有共同政策领域。①

上述问题随着2009年12月《里斯本条约》的生效已得到较好解决。根据《里斯本条约》，欧盟原有的第三支柱被彻底纳入第一支柱成为欧盟一体化的组成部分。《里斯本条约》吸收了上述欧洲法院判决的主要内容，明确和扩大了欧盟在刑事领域的立法权限，根据其第69B条，如成员国国内刑法的趋同或一体化被证明能确保欧盟一体化领域内共同政策的有效执行，指令可设定相关领域内犯罪构成要素和处罚措施的最低标准。② 同时，环境领域成为欧盟与成员国11个共享权能范畴的其中一项，欧盟在共享权能的范围可行使立法权并具有优先性，成员国只有在欧盟未行使或停止行使其权能的情况下方可行使共享权能。

第四节　成员国刑事立法权向欧盟让渡的基本原则

欧盟一体化过程中对共同政策的制定与执行，必然意味着成员国国家主权在一定程度范围内的让渡。但刑法作为国家机器的重要构成，历来是各国政府治理国家与社会的重要武器，"社会需要刑法的特殊力量去保护其基本价值……在此意义上，刑事政策及立法对一个

---

① Norel Neagu, Entrapment between Two Pillars: The European Court of Justice Rulings in Criminal Law, European Law Journal, Vol. 15, No. 4, 2009, pp. 536-551.

② Article 69 B: If the approximation of criminal laws and regulations of the Member States proves essential to ensure the effective implementation of a Union policy in an area which has been subject to harmonization measures, directives may establish minimum rules with regard to the definition of criminal offences and sanctions in the area concerned. Such directives shall be adopted by the same ordinary or special legislative procedure as was followed for the adoption of the harmonization measures in question, without prejudice to Article 61 I.

族群的自我代表及在外部世界的投影具有重要意义"①，因此欧盟成员国普遍坚持刑事立法权并未让渡予共同体的立场。

但毋庸置疑的是，"横亘在无形疆界中的各国刑事法律和司法制度之间的差异和传统刑事司法协助繁复的审查程序日渐影响各成员国打击犯罪的效率和速度"②。为维护欧盟的基本价值和统一市场的可持续发展，有必要形成一体化语境下的超国家层面的刑法机制，为此欧盟付出了极大的努力，也取得了阶段性的成果。考察欧盟统一刑事立法权的形成过程，我们可以较为清晰地看到，成员国在将刑事立法权部分让渡给欧盟的过程中坚持了如下几条原则：

（一）必要性原则：以保障欧盟共同政策及法律在成员国的有效实施为限

考察欧洲法院有关欧盟环境刑法的判例以及《里斯本条约》的规定可见，成员国将刑事立法的部分主权让渡给共同体应当以保障共同体共同政策及法律的有效实施为前提，以便通过有效落实共同政策更好地维护国家利益和主权，而这也正是欧盟成员国主权让渡与建立共同体的根本动因。

基于此，共同体应在遵守必要性原则的前提下行使刑事立法权，即共同体在行使刑事立法权时，必须以通过立法有效执行共同体共同政策及相关法律为前提。欧盟法律的实施原则上由成员国负责，但这不妨碍在"必要"情况下，共同体的相关立法可在遵守辅助性原则的前提下设置刑法方面的条款，从而对违反共同体法律的行为处以"有效的、成比例的、具有威慑力的"刑事处罚措施。

---

① Massimo Fichera, Criminal Law beyond the States: the European Model, European Law Journal, Vol. 19, No. 2, 2013, p. 188.

② 廖明：《欧盟区域的刑事一体化研究》，载《刑法论丛》2009年第2期，第228页。

第六章
环境刑法演进一体化论

必要性审查须按个案的具体情况分别进行。以环境刑事立法为例，在环境保护领域，面对日益突出的环境问题，欧盟采取了积极的环境保护政策和立法举措，以"公约""条例""指令""决定"等立法形式来力图实现污染的防治和环境的恢复。过去 30 余年来，欧盟通过的有关环境保护的指令多达 200 余项。但欧盟成员国在执行欧盟环境保护政策和法律中对严重环境违法行为的惩处仍被认为存在不足。① 欧盟委员会在 2001 年首次就《通过刑法保护环境指令》提案进行必要性论证时就曾指出，在考查欧盟各成员国有关环境违法行为的处罚措施后发现，各成员国的处罚措施不仅不能够保障共同体环境保护政策的有效实施，甚至成员国国内自身的环境法律和政策也难以得到有效实施，主要症结在于多数成员国对环境违法行为的处罚仅是行政罚款，即使给予刑事处罚也采用极低的罚金措施，且大多数刑事追诉案件被免予起诉或处罚。② 事隔多年之后，欧盟委员会在新的编号为 2008/99/EC 的《通过刑法保护环境指令》前言部分也指出，跨境环境犯罪对环境的负面影响正在持续，各成员国的处罚措施仍然不足，通过刑法手段来对严重环境违法行为进行社会负面评价已经成为必经之路，只有这样才能落实欧盟在环境领域的共同政策和相关法律。③

---

① European Commission, Combating Environmental Crime, http://ec.europa.eu/environment/legal/crime/index.htm, last accessed on Aug. 20, 2015.

② Explanatory Memorandum of the Proposal for a Directive of the European Parliament and of the Council on the Protection of the Environment through Criminal Law, OJ C 180E, Jun. 26, 2001, pp. 238-243.

③ Directive 2008/99/EC of the European Parliament and of the Council of 19 November 2008 on the Protection of the Environment through Criminal Law, OJ L 328, Dec. 6, 2008, pp. 28-37.

（二）最低标准原则：建立欧盟层面上对相关犯罪进行处罚的最低标准

无论是欧洲法院关于欧盟环境刑法的判例，还是《里斯本条约》中成员国将部分刑事立法权让渡予共同体，在犯罪定义上均为共同体对可订立的某些犯罪的处罚机制进行最低标准的设计，即"共同体立法定罪处罚的只是一个成员国都要遵守的最低标准"[①]。

按照这一原则，共同体只是将特定的严重违反欧盟法律的行为纳入定罪处罚的范围，并对此种刑事处罚设定一个最低标准，在此基础上成员国可以制定更为严厉的刑法机制。最低标准原则一方面可以使严重违反共同体法律的行为纳入刑事处罚范围，避免违反者利用成员国之间法律上的差异逃避刑法制裁；另一方面，也能确保立法目标传达给成员国的同时，使成员国有较多的灵活处理的空间，在不影响本国刑事法律体系的整体和谐性的前提下选择适当的刑事处罚措施。[②]应该说，最低标准原则是考虑到成员国与共同体双方利益的一种较好的折中方案，既可以体现共同体所追求的法律标准逐步统一的目的，又为成员国基于国内司法体制与司法文化等的法治国情差异的变通提供了可能，是具有相当高的科学性的。

最低标准原则的确立具有一定的必然性。虽然从全球范围内而言，欧盟各成员国经济与社会发展的水平差异不大，且具有较为接近的法治传统，但刑事立法活动毕竟为国家主权范围内之自主活动，且各成员国在立法技术方面也存在着一定差异。为了保证各国刑事法治的统一性，有必要对各国刑法典之稳定性保持足够尊重，故不能以统

---

① 徐丰果、姜文：《论欧盟"通过刑法保护环境"的环境政策》，载《北京林业大学学报（社会科学版）》2009年第2期，第25页。

② 同上。

一之犯罪构成标准与惩罚方式对整个欧盟区域内的污染环境犯罪做"一刀切"的刑事立法,如此定会触及国内之法治稳定,而遭成员国之反对。采取最低标准原则是较为务实之做法,可达到既在欧盟层面的刑事立法上有所作为,又对成员国之刑事立法权保持审慎的尊重,以稳妥而又能够让成员国接受的方式逐步实现欧洲刑事法治的一体化。

最低标准原则的确立也体现出了一定的灵活性。环境污染的防治虽是欧盟各国面临的任务,但在各国也有不同的表现形态,因此各国之国内刑法对其所作出的应对也是与其国内需要相适应的路径与制度选择。最低标准原则具有两个基本功能。第一,使得在欧盟范围内相关犯罪的入罪标准具有法文本对照的可能。最低标准的确立使得某类具有相当大通用性的犯罪(如环境犯罪)有了最低的入罪标准,符合该标准的行为具有被刑事法(欧盟刑事法或成员国刑事法)评价的可能,即便该行为不违反成员国国内刑法,但符合欧盟相关刑事立法所规定的犯罪构成的,也将会被成员国进行刑事调查与刑事处罚,从而对这类犯罪行为的刑法评价具有法文本对照的标的。第二,最低标准原则不会对成员国国内刑法的适用形成冲击。若污染环境行为既符合欧盟指令所确立的最低标准,又符合成员国国内刑法所规定的犯罪构成,而国内刑法所规定的入罪标准比欧盟指令所设置的入罪标准更容易实现入罪,则可以直接适用国内刑法而对污染行为进行入罪判定。

(三) 无涉司法原则:个案的刑事司法权由成员国保留而自由行使

通过上述欧洲环境刑法演进尤其是欧洲法院相关判决的研究,我们还可发现,在欧盟层面环境刑事立法权形成过程中,欧盟的刑事立法权被较为明确地限定在犯罪构成的示范化方面,即欧盟层面的刑事立法的路径主要是对一些具有普遍性的、在犯罪构成的标准上较少受到法治文化与传统影响的犯罪类型(如环境犯罪、毒品犯罪、恐怖犯罪)建立一个欧盟各成员国普遍可以接受的犯罪构成的标准体系,然后将这个犯罪构成的标准体系以对成员国有约束力的法律形式予以颁布,进而通过成员国的直接适用或者以调整国内刑法中相关犯罪的犯罪构成标准为途径,从而实现成员国国内刑法在相关领域的逐步趋同。

当然,我们也需注意,在欧盟刑事立法权的形成过程中,除了具有示范意义的犯罪构成标准的趋同化之外,对是否要在刑事司法的过程中进行欧盟层面的指导也曾发生过争议,即便是作出判决的欧洲法院在不同的时期态度也不同。在前述针对《与严重环境犯罪做斗争的框架决定》的判决(C-176/03)中,欧洲法院认为共同体法律具有对"哪些类型的违法行为构成犯罪"和"对犯罪应当适用哪些刑事处罚类型以及其他适当的刑法手段"予以规范的权利。而在针对《有关船舶污染的框架性决定》的判决(C-440/05)中,欧洲法院认为共同体立法只能涉及环境犯罪的构成,而不能规限刑事处罚的特定类型和等级,这方面的权限仍属于成员国。从欧洲理事会及欧洲议会通过的编号为2008/99/EC的《通过刑法保护环境指令》来看,欧盟在规制刑事规则中倾向于采纳欧洲法院上述第二个判决的观点,即在制裁措施方面,欧盟层面没有必要立法,成员国只要依据欧盟和本国的实体法在具体的司法过程中采取"有效的、成比例的、具有威慑力的"处罚措施即可。

客观地说,欧洲法院在第二个判决中的态度是较为冷静与符合实际情况的。刑事立法与刑事司法虽然紧密联系,但毕竟分属两个领域,且后者与国家的司法文化、司法体制等关涉更密。随着经济的一体化，虽然污染环境、贩卖毒品、暴力恐怖等犯罪活动的犯罪形态、危害后果、预防措施等在全球范围内呈现出相当大的趋同性，在犯罪构成的标准上也呈现出较大的一致性，从而使得包括欧盟成员国在内的世界各国在对上述犯罪的惩治方面具有合作的基础，并使得在欧盟这样经济发展水平差异较小、法治文化源流接近的区域内有了制定具有示范意义的犯罪构成标准体系的可能。但毋庸置疑的是，包括刑事侦查、犯罪检控、法庭审理等在内的刑事司法与一国之司法体制、司法文化等紧密关联，关乎一国国内司法体系的微观运作，是较难通过超越国家层面的立法而进行的。也正是基于以上原因，欧洲法院在第二个判决中改变了试图对刑法与刑事司法两个领域均要纳入指令范畴的观念，而转由以犯罪构成标准体系为主来建立欧盟层面的刑事领域的示范立法。这是务实且冷静的做法，包括东南亚国家联盟等全球范围内的其他法治趋同化区域在这个问题上也应重视欧盟的这个做法与经验。

（四）紧急制动原则：成员国刑事立法权在紧急情态下仍可得到保留

鉴于不同成员国对欧盟一体化有着并非完全一致的利益诉求，以承认差异性和保持灵活性为前提，在后《里斯本条约》时代，欧盟开始在刑法领域推行"有区别的一体化"政策，这是需要引起我们关注的。根据《里斯本条约》设置的"紧急制动"（emergency brake）条款，"某个或某些成员国可紧急阻止适用关乎其切身利益的敏感立法，而其他成员国仍然可以适用该法"[①]。这使得成员国即使不能阻止其他国家采取一体化的行动，但也可不作参与以保护自己的主权。这表

---

① 马贺：《欧盟区域刑事合作进程中的制度缺陷与对策——从〈马斯特里赫特条约〉到〈里斯本条约〉》，载《犯罪研究》2010年第5期，第107页。

明，对于某些坚持刑事立法权为主权重要组成部分的成员国，也可采用退出（opt-out）机制而不适用欧盟根据《里斯本条约》制定的刑事领域的立法。可见，欧盟在形成其超国家的刑事立法权的道路上仍存在着诸多障碍，国家主权的核心地位虽然受到一定冲击，但国家权力与超国家权力之间的矛盾和斗争依然存在。这也表明，在推动刑事领域一体化的同时，"不忽视欧洲各国刑事多元化的现实局面，强调统一性和个别化的兼顾、一体化和多元化的协调"[①]，唯有如此，才能保证成员国对包括法治一体化在内的欧洲一体化的持续支持。

考察欧盟层面上刑事立法权的形成过程后，我们可以发现，成员国将一定范围内的刑事立法权让渡予共同体，实际上是以互让和共利为条件的。面对这一现实需要，欧盟以具有较强公共性的环境刑事立法为切入点，以第三支柱下不涉及主权让渡的成员国之间的"警务及刑事司法协助"为起点，直至通过欧洲法院的判例将一定范围内的刑事立法权从第三支柱转移至以主权让渡为基础建立的第一支柱，并进而在《里斯本条约》生效后将原有的第三支柱的大部分事项"共同体化"，从而实现了成员国将刑事立法的部分国家权力向共同体机构让渡的重大突破，这不仅对于欧洲的一体化具有重大意义，在世界法治逐步趋同化的背景下也是具有相当大的示范意义的。

当然，我们也要注意到，在欧洲一体化进程中，成员国国家主权的让渡、合并和共享，是一体化产生和发展的必要前提。在此过

[①] 王娜：《论欧洲刑事政策的一体化》，载《华东政法大学学报》2013年第4期，第41页。

程中，成员国与超国家权力之间的分歧与争端是不可避免且持续冲突的。我们还需注意，欧盟成员国在将主权中最为敏感的刑事立法权让渡予共同体时始终保持着高度的警惕与谨慎的态势，主权的让渡范围被严格限制且设置了清晰的边界，这也在一定程度上表明，在全球一体化的浪潮下，传统国际法中的主权原则并未被否定，反而在某些领域得到了强化。欧洲各国的和声演奏虽然已经初显美妙，但建立包括法治在内的超国家意志的"大欧洲"仍然是曲折不断的未来之梦。

附录 1
2013 年第 15 号司法解释

最高人民法院　最高人民检察院
关于办理环境污染刑事案件适用法律若干问题的解释

（2013 年 6 月 8 日最高人民法院审判委员会第 1581 次会议、2013 年 6 月 8 日最高人民检察院第十二届检察委员会第 7 次会议通过）

为依法惩治有关环境污染犯罪，根据《中华人民共和国刑法》《中华人民共和国刑事诉讼法》的有关规定，现就办理此类刑事案件适用法律的若干问题解释如下：

第一条　实施刑法第三百三十八条规定的行为，具有下列情形之一的，应当认定为"严重污染环境"：

（一）在饮用水水源一级保护区、自然保护区核心区排放、倾倒、处置有放射性的废物、含传染病病原体的废物、有毒物质的；

（二）非法排放、倾倒、处置危险废物三吨以上的；

（三）非法排放含重金属、持久性有机污染物等严重危害环境、损害人体健康的污染物超过国家污染物排放标准或者省、自治区、直辖市人民政府根据法律授权制定的污染物排放标准三倍以上的；

（四）私设暗管或者利用渗井、渗坑、裂隙、溶洞等排放、倾倒、处置有放射性的废物、含传染病病原体的废物、有毒物质的；

（五）两年内曾因违反国家规定，排放、倾倒、处置有放射性的废物、含传染病病原体的废物、有毒物质受过两次以上行政处罚，又实施前列行为的；

（六）致使乡镇以上集中式饮用水水源取水中断十二小时以上的；

（七）致使基本农田、防护林地、特种用途林地五亩以上，其他农用地十亩以上，其他土地二十亩以上基本功能丧失或者遭受永久性破坏的；

（八）致使森林或者其他林木死亡五十立方米以上，或者幼树死亡二千五百株以上的；

（九）致使公私财产损失三十万元以上的；

（十）致使疏散、转移群众五千人以上的；

（十一）致使三十人以上中毒的；

（十二）致使三人以上轻伤、轻度残疾或者器官组织损伤导致一般功能障碍的；

（十三）致使一人以上重伤、中度残疾或者器官组织损伤导致严重功能障碍的；

（十四）其他严重污染环境的情形。

第二条 实施刑法第三百三十九条、第四百零八条规定的行为，具有本解释第一条第六项至第十三项规定情形之一的，应当认定为"致使公私财产遭受重大损失或者严重危害人体健康"或者"致使公私财产遭受重大损失或者造成人身伤亡的严重后果"。

第三条 实施刑法第三百三十八条、第三百三十九条规定的行为，具有下列情形之一的，应当认定为"后果特别严重"：

（一）致使县级以上城区集中式饮用水水源取水中断十二个小时以上的；

（二）致使基本农田、防护林地、特种用途林地十五亩以上，其他农用地三十亩以上，其他土地六十亩以上基本功能丧失或者遭受永久性破坏的；

（三）致使森林或者其他林木死亡一百五十立方米以上，或者幼树死亡七千五百株以上的；

（四）致使公私财产损失一百万元以上的；

（五）致使疏散、转移群众一万五千人以上的；

（六）致使一百人以上中毒的；

（七）致使十人以上轻伤、轻度残疾或者器官组织损伤导致一般功能障碍的；

（八）致使三人以上重伤、中度残疾或者器官组织损伤导致严重功能障碍的；

（九）致使一人以上重伤、中度残疾或者器官组织损伤导致严重功能障碍，并致使五人以上轻伤、轻度残疾或者器官组织损伤导致一般功能障碍的；

（十）致使一人以上死亡或者重度残疾的；

（十一）其他后果特别严重的情形。

第四条　实施刑法第三百三十八条、第三百三十九条规定的犯罪行为，具有下列情形之一的，应当酌情从重处罚：

（一）阻挠环境监督检查或者突发环境事件调查的；

（二）闲置、拆除污染防治设施或者使污染防治设施不正常运行的；

（三）在医院、学校、居民区等人口集中地区及其附近，违反国家规定排放、倾倒、处置有放射性的废物、含传染病病原体的废物、有毒物质或者其他有害物质的；

（四）在限期整改期间，违反国家规定排放、倾倒、处置有放射性的废物、含传染病病原体的废物、有毒物质或者其他有害物质的。

实施前款第一项规定的行为，构成妨害公务罪的，以污染环境罪与妨害公务罪数罪并罚。

第五条 实施刑法第三百三十八条、第三百三十九条规定的犯罪行为，但及时采取措施，防止损失扩大、消除污染，积极赔偿损失的，可以酌情从宽处罚。

第六条 单位犯刑法第三百三十八条、第三百三十九条规定之罪的，依照本解释规定的相应个人犯罪的定罪量刑标准，对直接负责的主管人员和其他直接责任人员定罪处罚，并对单位判处罚金。

第七条 行为人明知他人无经营许可证或者超出经营许可范围，向其提供或者委托其收集、贮存、利用、处置危险废物，严重污染环境的，以污染环境罪的共同犯罪论处。

第八条 违反国家规定，排放、倾倒、处置含有毒害性、放射性、传染病病原体等物质的污染物，同时构成污染环境罪、非法处置进口的固体废物罪、投放危险物质罪等犯罪的，依照处罚较重的犯罪定罪处罚。

第九条 本解释所称"公私财产损失"，包括污染环境行为直接造成财产损毁、减少的实际价值，以及为防止污染扩大、消除污染而采取必要合理措施所产生的费用。

第十条 下列物质应当认定为"有毒物质"：

（一）危险废物，包括列入国家危险废物名录的废物，以及根据国家规定的危险废物鉴别标准和鉴别方法认定的具有危险特性的废物；

（二）剧毒化学品、列入重点环境管理危险化学品名录的化学品，以及含有上述化学品的物质；

（三）含有铅、汞、镉、铬等重金属的物质；

（四）《关于持久性有机污染物的斯德哥尔摩公约》附件所列物质；

（五）其他具有毒性，可能污染环境的物质。

第十一条 对案件所涉的环境污染专门性问题难以确定的，由司法鉴定机构出具鉴定意见，或者由国务院环境保护部门指定的机构出具检验报告。

县级以上环境保护部门及其所属监测机构出具的监测数据，经省级以上环境保护部门认可的，可以作为证据使用。

第十二条 本解释发布实施后，《最高人民法院关于审理环境污染刑事案件具体应用法律若干问题的解释》（法释〔2006〕4号）同时废止；之前发布的司法解释和规范性文件与本解释不一致的，以本解释为准。

附录 2
2016 年第 29 号司法解释

最高人民法院　最高人民检察院
关于办理环境污染刑事案件适用法律若干问题的解释

（2016 年 11 月 7 日最高人民法院审判委员会第 1698 次会议、2016 年 12 月 8 日最高人民检察院第十二届检察委员会第 58 次会议通过）

为依法惩治有关环境污染犯罪，根据《中华人民共和国刑法》《中华人民共和国刑事诉讼法》的有关规定，现就办理此类刑事案件适用法律的若干问题解释如下：

第一条　实施刑法第三百三十八条规定的行为，具有下列情形之一的，应当认定为"严重污染环境"：

（一）在饮用水水源一级保护区、自然保护区核心区排放、倾倒、处置有放射性的废物、含传染病病原体的废物、有毒物质的；

（二）非法排放、倾倒、处置危险废物三吨以上的；

（三）排放、倾倒、处置含铅、汞、镉、铬、砷、铊、锑的污染物，超过国家或者地方污染物排放标准三倍以上的；

（四）排放、倾倒、处置含镍、铜、锌、银、钒、锰、钴的污染物，超过国家或者地方污染物排放标准十倍以上的；

（五）通过暗管、渗井、渗坑、裂隙、溶洞、灌注等逃避监管的方式排放、倾倒、处置有放射性的废物、含传染病病原体的废物、有毒物质的；

（六）二年内曾因违反国家规定，排放、倾倒、处置有放射性的废物、含传染病病原体的废物、有毒物质受过两次以上行政处罚，又实施前列行为的；

（七）重点排污单位篡改、伪造自动监测数据或者干扰自动监测设施，排放化学需氧量、氨氮、二氧化硫、氮氧化物等污染物的；

（八）违法减少防治污染设施运行支出一百万元以上的；

（九）违法所得或者致使公私财产损失三十万元以上的；

（十）造成生态环境严重损害的；

（十一）致使乡镇以上集中式饮用水水源取水中断十二小时以上的；

（十二）致使基本农田、防护林地、特种用途林地五亩以上，其他农用地十亩以上，其他土地二十亩以上基本功能丧失或者遭受永久性破坏的；

（十三）致使森林或者其他林木死亡五十立方米以上，或者幼树死亡二千五百株以上的；

（十四）致使疏散、转移群众五千人以上的；

（十五）致使三十人以上中毒的；

（十六）致使三人以上轻伤、轻度残疾或者器官组织损伤导致一般功能障碍的；

（十七）致使一人以上重伤、中度残疾或者器官组织损伤导致严重功能障碍的；

（十八）其他严重污染环境的情形。

第二条 实施刑法第三百三十九条、第四百零八条规定的行为，致使公私财产损失三十万元以上，或者具有本解释第一条第十项至第十七项规定情形之一的，应当认定为"致使公私财产遭受重大损失或者严重危害人体健康"或者"致使公私财产遭受重大损失或者造成人身伤亡的严重后果"。

第三条 实施刑法第三百三十八条、第三百三十九条规定的行为，具有下列情形之一的，应当认定为"后果特别严重"：

（一）致使县级以上城区集中式饮用水水源取水中断十二小时以上的；

（二）非法排放、倾倒、处置危险废物一百吨以上的；

（三）致使基本农田、防护林地、特种用途林地十五亩以上，其他农用地三十亩以上，其他土地六十亩以上基本功能丧失或者遭受永久性破坏的；

（四）致使森林或者其他林木死亡一百五十立方米以上，或者幼树死亡七千五百株以上的；

（五）致使公私财产损失一百万元以上的；

（六）造成生态环境特别严重损害的；

（七）致使疏散、转移群众一万五千人以上的；

（八）致使一百人以上中毒的；

（九）致使十人以上轻伤、轻度残疾或者器官组织损伤导致一般功能障碍的；

（十）致使三人以上重伤、中度残疾或者器官组织损伤导致严重功能障碍的；

（十一）致使一人以上重伤、中度残疾或者器官组织损伤导致严重功能障碍，并致使五人以上轻伤、轻度残疾或者器官组织损伤导致一般功能障碍的；

（十二）致使一人以上死亡或者重度残疾的；

（十三）其他后果特别严重的情形。

第四条 实施刑法第三百三十八条、第三百三十九条规定的犯罪行为,具有下列情形之一的,应当从重处罚:

(一)阻挠环境监督检查或者突发环境事件调查,尚不构成妨害公务等犯罪的;

(二)在医院、学校、居民区等人口集中地区及其附近,违反国家规定排放、倾倒、处置有放射性的废物、含传染病病原体的废物、有毒物质或者其他有害物质的;

(三)在重污染天气预警期间、突发环境事件处置期间或者被责令限期整改期间,违反国家规定排放、倾倒、处置有放射性的废物、含传染病病原体的废物、有毒物质或者其他有害物质的;

(四)具有危险废物经营许可证的企业违反国家规定排放、倾倒、处置有放射性的废物、含传染病病原体的废物、有毒物质或者其他有害物质的。

第五条 实施刑法第三百三十八条、第三百三十九条规定的行为,刚达到应当追究刑事责任的标准,但行为人及时采取措施,防止损失扩大、消除污染,全部赔偿损失,积极修复生态环境,且系初犯,确有悔罪表现的,可以认定为情节轻微,不起诉或者免予刑事处罚;确有必要判处刑罚的,应当从宽处罚。

第六条 无危险废物经营许可证从事收集、贮存、利用、处置危险废物经营活动,严重污染环境的,按照污染环境罪定罪处罚;同时构成非法经营罪的,依照处罚较重的规定定罪处罚。

实施前款规定的行为,不具有超标排放污染物、非法倾倒污染物或者其他违法造成环境污染的情形的,可以认定为非法经营情节显著轻微危害不大,不认为是犯罪;构成生产、销售伪劣产品等其他犯罪的,以其他犯罪论处。

第七条 明知他人无危险废物经营许可证,向其提供或者委托其收集、贮存、利用、处置危险废物,严重污染环境的,以共同犯罪论处。

第八条 违反国家规定,排放、倾倒、处置含有毒害性、放射性、传染病病原体等物质的污染物,同时构成污染环境罪、非法处置进口的固体废物罪、投放危险物质罪等犯罪的,依照处罚较重的规定定罪处罚。

第九条 环境影响评价机构或其人员,故意提供虚假环境影响评价文件,情节严重的,或者严重不负责任,出具的环境影响评价文件存在重大失实,造成严重后果的,应当依照刑法第二百二十九条、第二百三十一条的规定,以提供虚假证明文件罪或者出具证明文件重大失实罪定罪处罚。

第十条 违反国家规定,针对环境质量监测系统实施下列行为,或者强令、指使、授意他人实施下列行为的,应当依照刑法第二百八十六条的规定,以破坏计算机信息系统罪论处:

(一)修改参数或者监测数据的;

(二)干扰采样,致使监测数据严重失真的;

(三)其他破坏环境质量监测系统的行为。

重点排污单位篡改、伪造自动监测数据或者干扰自动监测设施,排放化学需氧量、氨氮、二氧化硫、氮氧化物等污染物,同时构成污染环境罪和破坏计算机信息系统罪的,依照处罚较重的规定定罪处罚。

从事环境监测设施维护、运营的人员实施或者参与实施篡改、伪造自动监测数据、干扰自动监测设施、破坏环境质量监测系统等行为的,应当从重处罚。

第十一条 单位实施本解释规定的犯罪的,依照本解释规定的定罪量刑标准,对直接负责的主管人员和其他直接责任人员定罪处罚,并对单位判处罚金。

第十二条 环境保护主管部门及其所属监测机构在行政执法过程

中收集的监测数据,在刑事诉讼中可以作为证据使用。

公安机关单独或者会同环境保护主管部门,提取污染物样品进行检测获取的数据,在刑事诉讼中可以作为证据使用。

第十三条　对国家危险废物名录所列的废物,可以依据涉案物质的来源、产生过程、被告人供述、证人证言以及经批准或者备案的环境影响评价文件等证据,结合环境保护主管部门、公安机关等出具的书面意见作出认定。

对于危险废物的数量,可以综合被告人供述,涉案企业的生产工艺、物耗、能耗情况,以及经批准或者备案的环境影响评价文件等证据作出认定。

第十四条　对案件所涉的环境污染专门性问题难以确定的,依据司法鉴定机构出具的鉴定意见,或者国务院环境保护主管部门、公安部门指定的机构出具的报告,结合其他证据作出认定。

第十五条　下列物质应当认定为刑法第三百三十八条规定的"有毒物质":

(一)危险废物,是指列入国家危险废物名录,或者根据国家规定的危险废物鉴别标准和鉴别方法认定的,具有危险特性的废物;

(二)《关于持久性有机污染物的斯德哥尔摩公约》附件所列物质;

(三)含重金属的污染物;

(四)其他具有毒性,可能污染环境的物质。

第十六条　无危险废物经营许可证,以营利为目的,从危险废物中提取物质作为原材料或者燃料,并具有超标排放污染物、非法倾倒污染物或者其他违法造成环境污染的情形的行为,应当认定为"非法处置危险废物"。

第十七条　本解释所称"二年内",以第一次违法行为受到行政处罚的生效之日与又实施相应行为之日的时间间隔计算确定。

本解释所称"重点排污单位",是指设区的市级以上人民政府环境保护主管部门依法确定的应当安装、使用污染物排放自动监测设备的重点监控企业及其他单位。

本解释所称"违法所得",是指实施刑法第三百三十八条、第三百三十九条规定的行为所得和可得的全部违法收入。

本解释所称"公私财产损失",包括实施刑法第三百三十八条、第三百三十九条规定的行为直接造成财产损毁、减少的实际价值,为防止污染扩大、消除污染而采取必要合理措施所产生的费用,以及处置突发环境事件的应急监测费用。

本解释所称"生态环境损害",包括生态环境修复费用,生态环境修复期间服务功能的损失和生态环境功能永久性损害造成的损失,以及其他必要合理费用。

本解释所称"无危险废物经营许可证",是指未取得危险废物经营许可证,或者超出危险废物经营许可证的经营范围。

第十八条 本解释自 2017 年 1 月 1 日起施行。本解释施行后,《最高人民法院、最高人民检察院关于办理环境污染刑事案件适用法律若干问题的解释》(法释〔2013〕15 号)同时废止;之前发布的司法解释与本解释不一致的,以本解释为准。

附录3
2023年第7号司法解释

最高人民法院　最高人民检察院
关于办理环境污染刑事案件适用法律若干问题的解释

（2023年3月27日最高人民法院审判委员会第1882次会议、2023年7月27日最高人民检察院第十四届检察委员会第10次会议通过）

为依法惩治环境污染犯罪，根据《中华人民共和国刑法》、《中华人民共和国刑事诉讼法》、《中华人民共和国环境保护法》等法律的有关规定，现就办理此类刑事案件适用法律的若干问题解释如下：

第一条 实施刑法第三百三十八条规定的行为，具有下列情形之一的，应当认定为"严重污染环境"：

（一）在饮用水水源保护区、自然保护地核心保护区等依法确定的重点保护区域排放、倾倒、处置有放射性的废物、含传染病病原体的废物、有毒物质的；

（二）非法排放、倾倒、处置危险废物三吨以上的；

（三）排放、倾倒、处置含铅、汞、镉、铬、砷、铊、锑的污染物，超过国家或者地方污染物排放标准三倍以上的；

（四）排放、倾倒、处置含镍、铜、锌、银、钒、锰、钴的污染物，超过国家或者地方污染物排放标准十倍以上的；

（五）通过暗管、渗井、渗坑、裂隙、溶洞、灌注、非紧急情况下开启大气应急排放通道等逃避监管的方式排放、倾倒、处置有放射性的废物、含传染病病原体的废物、有毒物质的；

（六）二年内曾因在重污染天气预警期间，违反国家规定，超标排放二氧化硫、氮氧化物等实行排放总量控制的大气污染物受过二次以上行政处罚，又实施此类行为的；

（七）重点排污单位、实行排污许可重点管理的单位篡改、伪造自动监测数据或者干扰自动监测设施，排放化学需氧量、氨氮、二氧化硫、氮氧化物等污染物的；

（八）二年内曾因违反国家规定，排放、倾倒、处置有放射性的废物、含传染病病原体的废物、有毒物质受过二次以上行政处罚，又实施此类行为的；

（九）违法所得或者致使公私财产损失三十万元以上的；

（十）致使乡镇集中式饮用水水源取水中断十二小时以上的；

（十一）其他严重污染环境的情形。

第二条 实施刑法第三百三十八条规定的行为，具有下列情形之一的，应当认定为"情节严重"：

（一）在饮用水水源保护区、自然保护地核心保护区等依法确定的重点保护区域排放、倾倒、处置有放射性的废物、含传染病病原体的废物、有毒物质，造成相关区域的生态功能退化或者野生生物资源严重破坏的；

（二）向国家确定的重要江河、湖泊水域排放、倾倒、处置有放射性的废物、含传染病病原体的废物、有毒物质，造成相关水域的生态功能退化或者水生生物资源严重破坏的；

（三）非法排放、倾倒、处置危险废物一百吨以上的；

(四)违法所得或者致使公私财产损失一百万元以上的;

(五)致使县级城区集中式饮用水水源取水中断十二小时以上的;

(六)致使永久基本农田、公益林地十亩以上,其他农用地二十亩以上,其他土地五十亩以上基本功能丧失或者遭受永久性破坏的;

(七)致使森林或者其他林木死亡五十立方米以上,或者幼树死亡二千五百株以上的;

(八)致使疏散、转移群众五千人以上的;

(九)致使三十人以上中毒的;

(十)致使一人以上重伤、严重疾病或者三人以上轻伤的;

(十一)其他情节严重的情形。

第三条 实施刑法第三百三十八条规定的行为,具有下列情形之一的,应当处七年以上有期徒刑,并处罚金:

(一)在饮用水水源保护区、自然保护地核心保护区等依法确定的重点保护区域排放、倾倒、处置有放射性的废物、含传染病病原体的废物、有毒物质,具有下列情形之一的:

1. 致使设区的市级城区集中式饮用水水源取水中断十二小时以上的;

2. 造成自然保护地主要保护的生态系统严重退化,或者主要保护的自然景观损毁的;

3. 造成国家重点保护的野生动植物资源或者国家重点保护物种栖息地、生长环境严重破坏的;

4. 其他情节特别严重的情形。

(二)向国家确定的重要江河、湖泊水域排放、倾倒、处置有放射性的废物、含传染病病原体的废物、有毒物质,具有下列情形之一的:

1. 造成国家确定的重要江河、湖泊水域生态系统严重退化的;

2. 造成国家重点保护的野生动植物资源严重破坏的;

3. 其他情节特别严重的情形。

（三）致使永久基本农田五十亩以上基本功能丧失或者遭受永久性破坏的；

（四）致使三人以上重伤、严重疾病，或者一人以上严重残疾、死亡的。

第四条 实施刑法第三百三十九条第一款规定的行为，具有下列情形之一的，应当认定为"致使公私财产遭受重大损失或者严重危害人体健康"：

（一）致使公私财产损失一百万元以上的；

（二）具有本解释第二条第五项至第十项规定情形之一的；

（三）其他致使公私财产遭受重大损失或者严重危害人体健康的情形。

第五条 实施刑法第三百三十八条、第三百三十九条规定的犯罪行为，具有下列情形之一的，应当从重处罚：

（一）阻挠环境监督检查或者突发环境事件调查，尚不构成妨害公务等犯罪的；

（二）在医院、学校、居民区等人口集中地区及其附近，违反国家规定排放、倾倒、处置有放射性的废物、含传染病病原体的废物、有毒物质或者其他有害物质的；

（三）在突发环境事件处置期间或者被责令限期整改期间，违反国家规定排放、倾倒、处置有放射性的废物、含传染病病原体的废物、有毒物质或者其他有害物质的；

（四）具有危险废物经营许可证的企业违反国家规定排放、倾倒、处置有放射性的废物、含传染病病原体的废物、有毒物质或者其他有害物质的；

（五）实行排污许可重点管理的企业事业单位和其他生产经营者未依法取得排污许可证，排放、倾倒、处置有放射性的废物、含传染病病原体的废物、有毒物质或者其他有害物质的。

第六条 实施刑法第三百三十八条规定的行为，行为人认罪认罚，积极修复生态环境，有效合规整改的，可以从宽处罚；犯罪情节轻微的，可以不起诉或者免予刑事处罚；情节显著轻微危害不大的，不作为犯罪处理。

第七条 无危险废物经营许可证从事收集、贮存、利用、处置危险废物经营活动，严重污染环境的，按照污染环境罪定罪处罚；同时构成非法经营罪的，依照处罚较重的规定定罪处罚。

实施前款规定的行为，不具有超标排放污染物、非法倾倒污染物或者其他违法造成环境污染的情形的，可以认定为非法经营情节显著轻微危害不大，不认为是犯罪；构成生产、销售伪劣产品等其他犯罪的，以其他犯罪论处。

第八条 明知他人无危险废物经营许可证，向其提供或者委托其收集、贮存、利用、处置危险废物，严重污染环境的，以共同犯罪论处。

第九条 违反国家规定，排放、倾倒、处置含有毒害性、放射性、传染病病原体等物质的污染物，同时构成污染环境罪、非法处置进口的固体废物罪、投放危险物质罪等犯罪的，依照处罚较重的规定定罪处罚。

第十条 承担环境影响评价、环境监测、温室气体排放检验检测、排放报告编制或者核查等职责的中介组织的人员故意提供虚假证明文件，具有下列情形之一的，应当认定为刑法第二百二十九条第一款规定的"情节严重"：

（一）违法所得三十万元以上的；

（二）二年内曾因提供虚假证明文件受过二次以上行政处罚，又提供虚假证明文件的；

（三）其他情节严重的情形。

实施前款规定的行为，在涉及公共安全的重大工程、项目中提供虚假的环境影响评价等证明文件，致使公共财产、国家和人民利益遭受特别重大损失的，应当依照刑法第二百二十九条第一款的规定，处五年以上十年以下有期徒刑，并处罚金。

实施前两款规定的行为，同时索取他人财物或者非法收受他人财物构成犯罪的，依照处罚较重的规定定罪处罚。

第十一条 违反国家规定，针对环境质量监测系统实施下列行为，或者强令、指使、授意他人实施下列行为，后果严重的，应当依照刑法第二百八十六条的规定，以破坏计算机信息系统罪定罪处罚：

（一）修改系统参数或者系统中存储、处理、传输的监测数据的；

（二）干扰系统采样，致使监测数据因系统不能正常运行而严重失真的；

（三）其他破坏环境质量监测系统的行为。

重点排污单位、实行排污许可重点管理的单位篡改、伪造自动监测数据或者干扰自动监测设施，排放化学需氧量、氨氮、二氧化硫、氮氧化物等污染物，同时构成污染环境罪和破坏计算机信息系统罪的，依照处罚较重的规定定罪处罚。

从事环境监测设施维护、运营的人员实施或者参与实施篡改、伪造自动监测数据、干扰自动监测设施、破坏环境质量监测系统等行为的，依法从重处罚。

第十二条 对于实施本解释规定的相关行为被不起诉或者免予刑事处罚的行为人，需要给予行政处罚、政务处分或者其他处分的，依法移送有关主管机关处理。有关主管机关应当将处理结果及时通知人民检察院、人民法院。

第十三条 单位实施本解释规定的犯罪的，依照本解释规定的定罪量刑标准，对直接负责的主管人员和其他直接责任人员定罪处罚，并对单位判处罚金。

第十四条 环境保护主管部门及其所属监测机构在行政执法过程中收集的监测数据,在刑事诉讼中可以作为证据使用。

公安机关单独或者会同环境保护主管部门,提取污染物样品进行检测获取的数据,在刑事诉讼中可以作为证据使用。

第十五条 对国家危险废物名录所列的废物,可以依据涉案物质的来源、产生过程、被告人供述、证人证言以及经批准或者备案的环境影响评价文件、排污许可证、排污登记表等证据,结合环境保护主管部门、公安机关等出具的书面意见作出认定。

对于危险废物的数量,依据案件事实,综合被告人供述,涉案企业的生产工艺、物耗、能耗情况,以及经批准或者备案的环境影响评价文件等证据作出认定。

第十六条 对案件所涉的环境污染专门性问题难以确定的,依据鉴定机构出具的鉴定意见,或者国务院环境保护主管部门、公安部门指定的机构出具的报告,结合其他证据作出认定。

第十七条 下列物质应当认定为刑法第三百三十八条规定的"有毒物质":

(一)危险废物,是指列入国家危险废物名录,或者根据国家规定的危险废物鉴别标准和鉴别方法认定的,具有危险特性的固体废物;

(二)《关于持久性有机污染物的斯德哥尔摩公约》附件所列物质;

(三)重金属含量超过国家或者地方污染物排放标准的污染物;

(四)其他具有毒性,可能污染环境的物质。

第十八条 无危险废物经营许可证,以营利为目的,从危险废物中提取物质作为原材料或者燃料,并具有超标排放污染物、非法倾倒污染物或者其他违法造成环境污染的情形的行为,应当认定为"非法处置危险废物"。

第十九条 本解释所称"二年内",以第一次违法行为受到行政处罚的生效之日与又实施相应行为之日的时间间隔计算确定。

本解释所称"重点排污单位",是指设区的市级以上人民政府环境保护主管部门依法确定的应当安装、使用污染物排放自动监测设备的重点监控企业及其他单位。

本解释所称"违法所得",是指实施刑法第二百二十九条、第三百三十八条、第三百三十九条规定的行为所得和可得的全部违法收入。

本解释所称"公私财产损失",包括实施刑法第三百三十八条、第三百三十九条规定的行为直接造成财产损毁、减少的实际价值,为防止污染扩大、消除污染而采取必要合理措施所产生的费用,以及处置突发环境事件的应急监测费用。

本解释所称"无危险废物经营许可证",是指未取得危险废物经营许可证,或者超出危险废物经营许可证的经营范围。

第二十条 本解释自 2023 年 8 月 15 日起施行。本解释施行后,《最高人民法院、最高人民检察院关于办理环境污染刑事案件适用法律若干问题的解释》(法释〔2016〕29 号)同时废止;之前发布的司法解释与本解释不一致的,以本解释为准。

后　　记

这是我将要出版的关于环境刑法的第三本专著。与前两本相比，此书因在我的既往研究上属于中后期作品，相对来说是比较成熟与精细的作品了。

借此机会我对自己的环境刑法学研究历程进行一个概要的回顾与总结。整体而言，过去十多年我的研究大体经历了三个阶段，即2011年之前为第一阶段，2012—2015年为第二阶段，2016年至今为第三阶段。

第一阶段的代表性作品是专著《刑法生态法益论》。该专著以我的博士学位论文为蓝本，对刑法生态法益的基础理论问题进行了较为详细的分析，全书分为十二章，既包括刑法生态法益的本体论，也包括对典型生态环境犯罪的法益分析。以今日之视角观之，该项研究的体系是完整的，一些想法是大胆且创新的（如对非人类存在物的法律主体的分析），资料也是比较详尽的。但限于当时自己的思维能力，以及对刑法、环境法的理解，该专著在理论构想上还是有诸多不成熟之处，尤其是对西方法益理论的实质意义的把握方面，以及对生态法益与权利、生态法益与立法、司法的关系的理解等方面。

第二阶段的代表性作品是专著《环境刑事司法效能论》。它是我主持的国家社科基金青年项目"基于统计分析的我国环境保护刑事司法效能及其优化研究"所产生的成果。该项目立项于2013年，是我

后 记

承担的第一个国家社科基金项目。该项目的立项使我的研究方法迅速转型。在此之前我比较关注刑法生态化等宏观命题，但总觉得难以下手进行精准分析，而该项目的立项使我开始关注统计学方法的运用。在此方法的加持下，我关注了污染环境罪的司法样态、司法效能、刑法与环境法在保护生态环境方面的协调等问题。应该说这些研究虽未必完全精细，但得出的结论还是比较客观与公允的。

第三阶段的代表性作品即为本书《生态文明刑法保障论》。应该说，研究方法向实证的转型并没有阻碍我对环境刑法基础理论问题的思考，反而促进了我对宏观问题的深思。经多年积淀，2016年我耗费巨力创作了精细之文《生态文明保障的刑法机制》。该文被《中国社会科学》2017年第11期刊发，在一定意义上代表了我学术研究至今无法再度企及的高点。时隔多年来看此文，确实算得上是精细之作，既无偏激之观点，也无无谓之妄想，文章对中外理论与观点进行了公允的分析与研究，以体系思维拓展了生态文明保障的刑法理论。

本书还收录了我的另外一篇代表作，即发表于《现代法学》2014年第1期的《法益解释机能的司法实现》。该文所提出的法益分析的基本路径，即法益识别、法益度量两个概念，后来被不少学者使用，我自己也觉得这是法益分析方法的核心，经常用此概念与路径进行刑法甚至法学问题的思考。该文在各数据库中均有一定的引用量，是我过去十年所创作作品中仅次于前文的代表作。

本书中的内容主要形成于2014—2021年之间，它们被《中国社会科学》《现代法学》《法制与社会发展》《法学》《政治与法律》《人大法律评论》等刊物发表，在此我要对这些刊物以及在发表过程中向我提出宝贵意见的诸位评审致以深深的感谢！

长期坚持一个领域的研究既有乐趣，也是自我虐待。这些年我饱受学术研究带给我的痛苦。我原本是一个性格外向的人，年轻时喜欢穿西装、打领带，也曾长发飘飘，喜欢登台演说，喜欢领导别人。十多年过去了，我时常背着双肩包隐入人群，有时候像一个旅行者，有时候如一个装修工人；除了在熟人面前，我基本上不开口言说什么话了。

学术研究尤其是文科研究具有极强的自我内卷性。我在此郑重提醒各位：如果你现在刚刚进入文科研究领域，请一定要发展一些除了思索问题之外的其他兴趣爱好，尤其要热爱生活中的普通事物，哪怕是饮食或娱乐。我曾饱受上述内卷的折磨，比如时常在梦中梦见所思考之问题、待书写文章的结构与内容。这会成就学术，但将毁掉你对这个世界的兴趣，以及对其他事物的喜爱，从而使人生陷入灰暗。

真正强大的人，是具有强大生活能力的人。如果说，我研习环境刑法有什么心得体会，我可能会将这个发现告诉自己也告诉你：那些超级强大的生物只是活在地球的演化过程中，再也不会出现，而只有那些鸣叫着的微小动物才显示出生命存在的美学意义。你我共勉之。

是为后记。

焦艳鹏
2023年6月于沪上